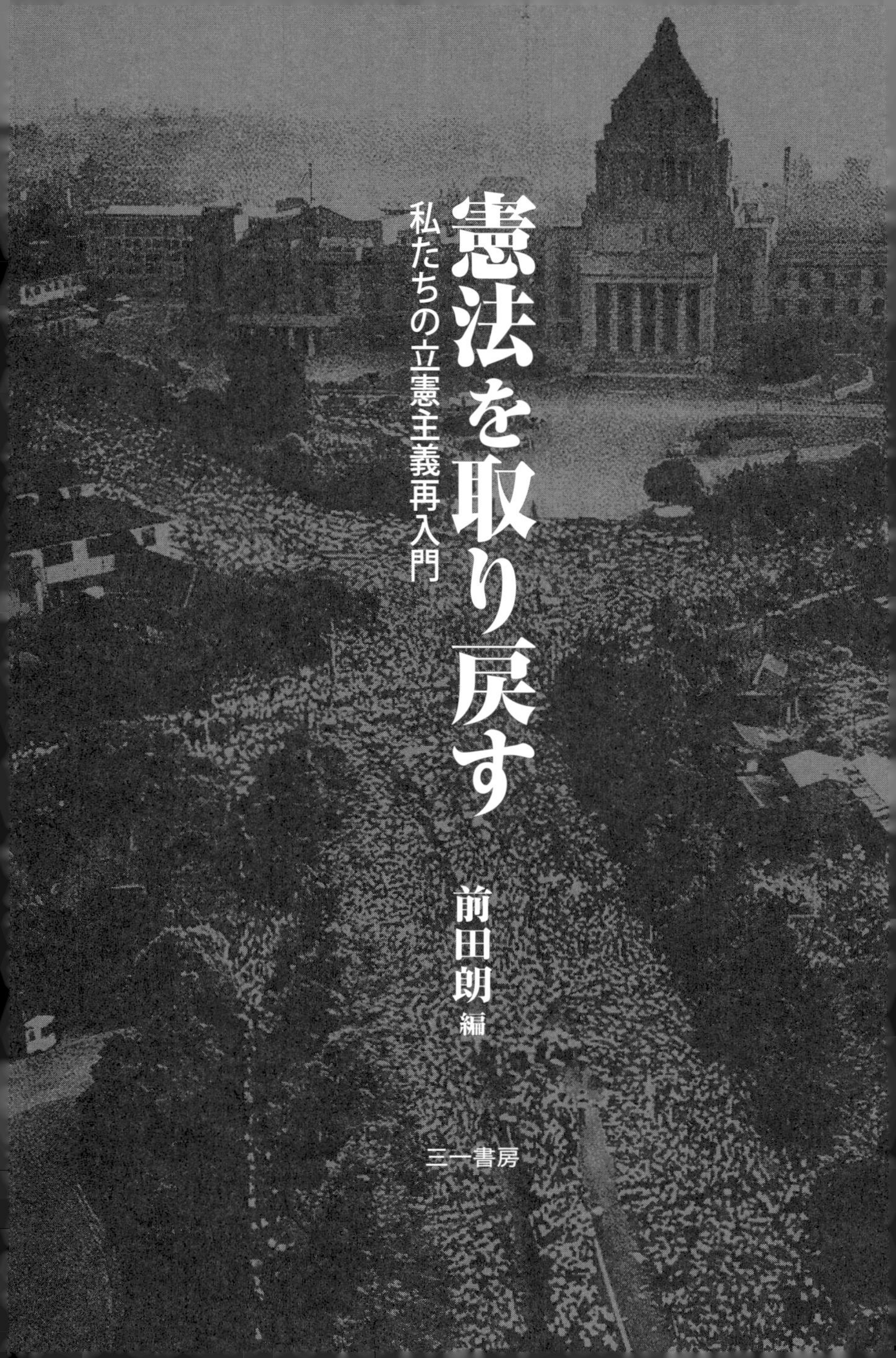

憲法を取り戻す

私たちの立憲主義再入門

前田朗 編

三一書房

はじめに

憲法とは何か。立憲主義とは何か。

あらためて問われると、多くの人は回答に戸惑うのではないでしょうか。

憲法を制定して、その憲法に基づいて政治を行うことだとすれば、ほとんどの人には、何を今さら当たり前のことを、と思われるかもしれません。

近代日本史を振り返ると大日本帝国憲法と日本国憲法という二つの憲法が制定され、施行・適用されてきました。大日本帝国憲法の下でも「立憲政治」が語られた時代があります。現在、「立憲」の文字を冠する政党が存在します。それ以外の政党にも「立憲」を否定する政党は見られません。立憲主義は日本の憲法政治にとって当たり前の前提であって、いまさら事新し気に強調する必要はないかもしれません。

しかし、立憲主義が斬新でユニークだった時代があります。近代市民革命以前は立憲主義は決して当たり前ではありませんでした。

現代世界にも立憲主義を採用していないと思われる国があります。憲法のない国や、あっても実際には憲法が機能してない国も珍しくありません。

そうだとすれば、立憲主義とは何か。そして、この国では立憲主義が本当に採用されているのか。こういう視点で憲法政治を見直してみる必要があります。

日本国憲法は平和主義、民主主義、国民主権、権力分立、基本的人権などの基本原理によって成り立つ日本国の基本法です。それでは、日本国の基本法として本当に機能しているでしょうか。

本書はこうした初歩的な疑問から出発して、日本国憲法の現状を点検する試みです。論文形式ではなく、インタヴュー形式で多様な論点を取り上げました。インタヴュアーは編者（前田）です。ただし、第六章及び第一三章はインタヴュー構成です。

第一部「いまなぜ立憲主義か」では、立憲主義の基本を示すために、「憲法のない国から見た日本」（第一章）を考えます。アフガニスタンやパレスチナで憲法や人権を問い返し、平和的生存権の歴史的かつ世界的意義を明らかにします。「法の支配と立憲主義を考える——安倍国葬の憲法論」（第二章）では、安倍晋三元首相の国葬問題が立憲主義や法の支配に何をもたらしたかを問い直します。さらに「安保法制違憲訴訟を闘う」（第三章）では、立憲主義と平和主義に新たな危機を招いた安保法制を問う違憲訴訟の闘いに学びます。

第二部「沖縄に憲法は適用されるか」では、「沖縄から見た基地問題」（第四章）として米軍による事故や犯罪、最近の自衛隊基地問題を通じて沖縄差別の実態を明らかにします。「沖縄の基地問題と地方自治」（第五章）では特に地方自治の観点で沖縄の軍事化と差別を批判的に検証します。

第三部「自由と人権のリアル」では、まず「基本的人権を基本から考える」（第六章）として現代人権論のカタログの発展状況を踏まえて、今後の人権論の課題を探ります。「ヘイト・スピーチの憲法論はどうあるべきか」（第七章）では、ヘイト・スピーチ裁判やヘイト・クライム裁判を通じて差別に関する憲法のあり方を読み解きます。「日の丸君が代強制と思想・良心の自由」（第八章）では、国際人権機関からの勧告を踏まえて、思想・良心の自由の重要性を再確認します。「学問の自由を台無しにしたのは誰か」（第九章）では、フェミ科研費裁判を振り返り、学問の自由を危機に陥れてきたのが政治家や政府だけでなく、裁判所もこれに加担しているのではないかと問います。「被疑者の未決拘禁における人権侵害」（第一〇章）では、冤罪発生のメカニズムを洗い出し、裁判前の未決段階の警察による身柄拘束が人の生命や尊厳を尊重できていないことを浮き彫りにします。さらに「刑事施設収容者の人権を考える」（第一一章）では、名古屋刑務所事件で明るみに出た実態を踏まえ、裁判後の既決段階の刑事施設においても人の生命や尊厳が軽んじられていることに警鐘を鳴らします。

第四部「未来のための立憲主義」では、「改憲論の動向と立憲主義」（第一二章）でいわゆる安保三文書改定問題を論じ、リアリズムを忘れた軍国主義が立憲主義と平和主義を損なうことを明らかにします。「日本国憲法の光と影」（第一三章）では、日本国憲法が克服できなかった植民地主義の現状を再確認し、憲法の光の部分をいかにして発展させることができるかを考えます。

以上を通じて、政府に平和主義、民主主義、国民主権、権力分立、基本的人権などの基本原理に立ち返らせるために、日本の市民社会が立憲主義を取り戻すための法思想を提示します。

憲法第九八条一項は「この憲法は、国の最高法規であつて、その条規に反する法律、命令、詔勅及び国務に関するその他の行為の全部又は一部は、その効力を有しない。」としています。憲法第九九条は「天皇又は摂政及び国務大臣、国会議員、裁判官その他の公務員は、この憲法を尊重し擁護する義務を負ふ。」としています。

市民社会が政府に憲法を守らせることが、立憲主義のアルファでありオメガだからです。

第一部　いまなぜ立憲主義か

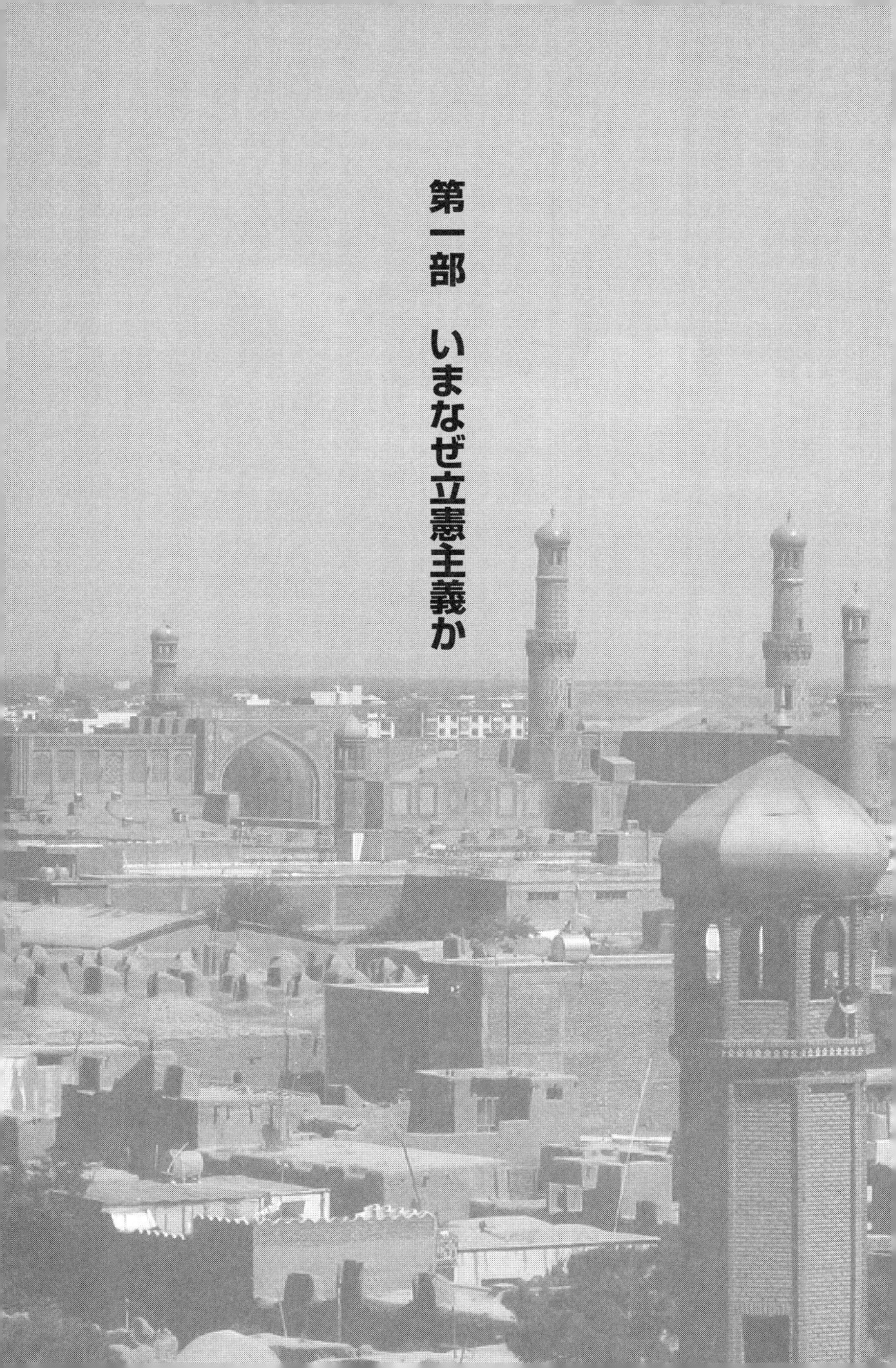

第一章　憲法のない国から見た日本――立憲主義を考える

清末愛砂

一　アフガニスタンで考える

――岸田文雄自公政権は改憲を打ち出し、二〇二二年七月の参議院選挙で自公政権が勝利し、改憲発議に必要な三分の二を両院で確保しました。安倍元首相銃撃死事件や旧統一教会問題が起きたため先行きは不透明ですが、憲法問題が政治の主要論点となりました。二〇二四年九月二七日、石破茂自民党総裁に交替し、同年一〇月の総選挙で自公政権は議席を減らしました。改憲問題でも、日頃の政治状況を見ても、一丁目一番地であるはずの立憲主義がないがしろにされている感があります。

清末――護憲論者であっても、憲法の一側面だけを見て議論する傾向があります。もう少し包括的な視点からの理解が必要です。憲法原理の何が何のために最重視されているのかを再検討し、そのうえで、人権と平和の密接不可分性についても、人権と平和の概念を幅広くとらえようとする姿勢が求められています。

――清末さんは、アフガニスタンで女性の権利獲得を求めて闘っているアフガニスタン女性革命協会（ＲＡＷＡ）との連帯活動をしてきました。

清末――ＲＡＷＡと連帯する会の仲間とともに、アフガン女性の権利獲得運動に学んできました。二〇二三年三月と二〇二四年三月にも、それぞれ十日ほどアフガニスタンを訪れ、カーブルやバーミヤーンなどに滞在しました。ＲＡＷＡの女性たちと今後の取組みについて協議してきました。

――女性の状況については後ほど伺いますが、その前にまずアフガン憲法についての質問です。二〇二一年八月、前政権が崩壊し、ターリバーンの再支配が始まりました。統治の基本がシャリーア（イスラーム法）に基づいているそうです。政教分離ではなく宗教による統治です。アフガニスタンには西欧近代立憲主義という意味での憲法がなくなったと見るべきでしょうか。

清末――「再入門」にしては、いきなり難しい話ですね（笑）。

二〇二一年八月一五日、ターリバーンの再支配開始以後、情勢がよく見えない面もありますが、時間が経過するなかで、事実上の政府、つまり暫定政権としていろんな施策が進められています。例えば、教育、女性の服装や外出など、ターリバーンが出すさまざまな通知が事実上の命令になっています。ただ、世俗の政府ではなく宗教に依拠した統治という点では、一九八九年のソ連撤退以後のムジャーヒディーン政権もそうであったように、ターリバーン以前からアフガニスタンでは宗教政治の性格が強かったのです。

　憲法史を振り返ると、最初の憲法が一九二三年です。それから一九三一年憲法を経て、一九六四年憲法はアフガニスタンがもっとも民主化された時代の憲法とされています。アフガニスタンの近代化という点では六四年憲法が一番注目されます。

　その後、アフガン政治の混迷の時期に、一九七七年、八〇年、八七年、九〇年の憲法と続きます。九〇年代後半にターリバーンの支配になって、9・11以後の対アフガニスタン戦争の後に、「復興」ということで国際協力の下、カルザイ政権の時に二〇〇四年憲法が制定されました。その制定過程の二〇〇三年に、JICAの「憲法制度作業支援」の一環として日本の憲法学者もカーブルへ派遣され、日本国憲法に関する講義などをしています。〇四年憲法は六四年憲法を一つのモデルとしているので、いちおう西欧型の憲法を意識してつくられました。ただ、イスラームを国教と位置づける条項や法令がイスラームに反してはならないとする条項などが盛り込まれていましたので、宗教色はあります。

　六四年憲法は国家元首が国王です。〇四年憲法は大統領が国家元首という違いがありますが、それ以外の骨格は似ていると言えます。

近代立憲主義とは

――二〇〇三年八月、アフガニスタンを訪れて、郊外のベマル丘から首都カーブルの街並みを見下ろして、「そういえばアフガニスタンには憲法がない」と気づいた経験があります。

清末――非西欧諸国が西欧近代立憲主義を受容してきた過程はさまざまですが、国民主権、権力分立、基本的人権の尊重という三つの柱を導入する点では、アフガニスタンでも一定の範囲で同じ経過をたどりました。外面的には、〇四年憲法は西欧近代型を採用しています。規範だけを見れば、六四年憲法と〇四年憲法によってアフガニスタンの近代化、民主化が前進したことになります。ターリバーンの復活によって、近代立憲主義からの離脱が起きています。受け入れる素地が全くなかったわけではありませんが、はるかに遠い地点に戻ってしまいました。

――「憲法がある」というのは何を意味するのでしょうか。「形式上の憲法典がある」か否かではなく、近代立憲主義とは何かを明らかにする必要があります。

清末――一七八九年のフランス人権宣言第一六条は「権利の保障が確保されず、権力の分立が定められていないすべての社会は、憲法をもたない。」（邦訳は、初宿正典・辻村みよ子編『新解説　世界憲法集〔第5版〕』三省堂、二〇二〇年を参照）となっていて、近代立憲主義の宣言と理解されています。国民主権、権力分立、そして基本的人権の保障が近代憲法のアルファであり、オメガであるとされます。

アフガニスタンの〇四年憲法第四条は、主権が国民にあると明示していますし、権力分立も基本的人権も明記されています。〇四年憲法の人権条項は六四年憲法より深化しています。〇四年憲法の下で、女性に対する暴力根絶法（ＥＶＡＷ法）も制定されました。家父長制規範と男性中心主義があれだけ極端なアフガニスタンでＥＶＡＷ法をつくるのは至難の業で、議会を通らないため、実は議会閉会中に大統領令を活用しました。アフガン女性運動が憲法上の緊急時の大統領による立法令に注目して、当時のカルザイ大統領に迫り、大統領令でＥＶＡＷ法を成立させました。その意味では、権力分立からの逸脱の面がないわけではありません。深刻な女性差別の現実の前で、女性団体はカルザイ大統領を動かして、実質を取ったわけです。緊急時の大統領令の利用には、良い例とは言い切れない面もありますが、基本的人権のために憲法が使われたとも言えます。

――日本ではＥＶＡＷ法ができず、麻生太郎副首相が「セクハラは犯罪ではない」と公言しました。

清末――アフガニスタンの〇四年憲法第一一六条では司法権の独立も定めています。最高裁判所が司法権の最上位にあることも確認されています。

二　立憲主義の危機

――憲法には「国のかたち」を示す基本文書としての意味があります。日本国憲法は国家の基本法として機能しているでしょうか。

清末――前文や第九条その他関連する基本的人権の条項からなる平和主義がきちんと生きているかと問えば、そうではないのが明白です。原理論というか、憲法の存在意義に関連して、憲法規範の拘束力を失わせ、現実に即して改正してしまうというのは本来ありえないわけです。現実を憲法に合わせて変えていくのが当然で、現実に合わせて規範の水準を引き下げているのが日本です。

――安倍晋三元首相はかつて「みっともない憲法だ」と憲法軽視を公言しました。その片腕と言われた礒崎陽介総理補佐官（安全保障担当）は「立憲主義などという言葉は聞いたことがない」「法的安定性は関係ない」と立憲主義を否定しました。

清末――集団的自衛権行使を容認した二〇一五年の安保法制はまさに立憲主義への違背です。一九五四年の自衛隊創設に始まって、憲法違反の事実を積み重ね、それに合わせて憲法解釈を変えてきました。ベクトルが逆向きです。現在、二〇二二年一二月一六日に策定された「国家安全保障戦略」「国家防衛戦略」「防衛力整備計画」に基づき、大軍拡が進められています。すでに、国有化を通して経営的に苦しい軍需産業を保護する軍需産業支援法まで制定されています。国による軍需産業の支援は憲法第九条で認められません。明らかな違憲立法です。いわゆる「立憲野党」と呼ばれる政党のなかに、「立憲」を冠しながらも、それに賛成した政党があったことには驚愕しました。立憲と相反する、許されない行為です。

解釈改憲の現在

――「解釈改憲」という奇妙な言葉があります。憲法改正していないのに、解釈を変えることによって「改正」してしまう。また、憲法にはそう書いていないのに、憲法学者が「この条文はプログラム規定だから、実現できなくても構わない」と言っていました。

清末――憲法学まで違憲状態を許す理論をつくってしまったのは反省材料です。憲法の条項が守られなくても仕方がないという意識が形成されている。それでも例えば、憲法第九条に意味があるのは、かろうじて政府に説明責任を課していることです。例えば、自衛隊の海外派遣など、何かをする時に、政府が「憲法に違反していない」と説明する責任を課してきた。歴代政権は少なくともその責任を問われ続けた。「自衛力」概念も、憲法第九条に反すると思いますが、「戦争遂行する必要最小限度の実力」とすることで第九条に抵触しないという説明をしてきました。説明責任すら果たさなくなったのが第二次安倍政権です。

――憲法がただの紙切れにされている。

清末――二〇二〇年に始まったコロナ禍で言えば、営業停止の損失補償として経済的権利を論じます。でも、それだけでは不十分です。憲法第二五条第一項は「すべて国民は、健康で文化的な最低限度の生活を営む権利を有する」ですが、第二項は「国は、すべての生活部面について、社会福祉、社会保障及び公衆衛生の向上及び増進に努めなければならない」となっています。社会福祉、社会保障とともに公衆衛生を謳っている。これらがセットになっている。第二五条第二項に依拠した議論を展開しなければいけない。人が生きるという根源的な営みを保障するのは基本的人権の出発点であって、近代立憲主義の基本であり、現代立憲主義の到達点の一つです。基本的人権を保障するための枠組みとして平等と尊厳を掲げることで、国家の正当性と正統性が担保される。政府には感染症から人々を守るための公衆衛生、医療制度、保健機関を整備する責任があるのに、そのための憲法論が手薄です。

――ネオリベラリズムが呼号され、社会保障も医療も縮減され、保健所も統廃合されてきた。新型コロナウイルスの感染拡大で医療崩壊したのではなく、政策的に医療崩壊の道がつくられてきたところに新型コロナウイルスの感染拡大です。

清末――例えば、北海道で新型コロナウイルスの感染者の死亡率が高かった要因はいくつかありますが、植民地主義的な政策展開しかしてこなかったために、そもそも医療体制が脆弱であることも影響しているのです。

法体系二元論と立憲主義

――沖縄米軍基地問題では、かつての「法体系二元論」を想起します。憲法体系と安保法体系が矛盾し合って存立しているという枠組みが説得的に見えました。

清末――確かにいわゆる「本土」の視点からは、法体系二元論は説得力があるように見えるでしょう。しかし、それでは規範も現実も説明できないのです。憲法の最高法規性が落ちてしまいます。憲法第九八条一項は「この憲法は、国の最高法規であつて、その条規に反する法律、命令、詔勅及び国務に関するその他の行為の全部又は一部は、その効力を有しない。」となっているのに、同条二項の「日本国が締結した条約及び確立された国際法規は、これを誠実に遵守することを必要とする。」を根拠に一項を覆してしまう。「本土」では説得的に見えても、沖縄の現実の前で、最高法規性とはいったい何なのか。憲法も沖縄も植民地支配下に置かれています。

辺野古テント村の座り込みの場で、「安保条約が上ですか、憲法が上ですか。憲法が上だと聞いてきたけど本当ですか」と質問されました。こういう問いに対し、法体系二元論を提示して納得してもらえるでしょうか。独立国家なら憲法が上にあるのが当たり前なのに、法体系二元論は憲法の最高法規性に目を閉ざして、支配の現実を永続化させる機能を果たします。

――現状変革のために構築された理論なのに、変革の筋道を示すことができないため現状維持の機能を持つことになった。

清末――二元論の矛盾を押し付けられて生きている人からすれば、ふざけるなと言うしかない。

三　パレスチナで考える

――清末さんはイスラエル／パレスチナにも何度も訪れて、現地の人々と交流・連帯してきました。二〇二三年一〇月、パレスチナのハマースの抵抗活動に端を発して、イスラエル軍によるガザ攻撃が激化しました。半年ほどで四万人もの犠牲者が出たと言われています。イスラエル軍はレバノンやシリアにも猛烈な攻撃を仕掛けました。

清末――イスラエルには国連加盟国の主権国家として自衛権があります。しかし、それは、ハマースの急襲以降のガザ全体に対するいかなる攻撃をも自衛権の名の下で法的に正当化できることを意味するわけではありません。今回の事件だけでなく、過去のガザを含むパレスチナに対する数々の軍事行動についてもしかりです。国連憲章が認める自衛権の行使の範疇にあると考える国々や人々もいるかもしれませんが、占領下の非国家主体に対してなされていることに鑑みると、国連憲章に沿って行使できるか否かの解釈は賛否両論があるところです。仮に行使できるとしても、ここで求められるのは必要性や均衡性の要件を満たすか否かと言う点です。占領国が被占領地に対して自衛権を行使すると、もとより非対称な権力関係にあるわけですから、被占領地の人々に対する攻撃は苛烈なものとなりがちです。国際社会はガザ攻撃を通して、その恐ろしさを見せつけられてきたのではないでしょうか。イスラエル軍が行っている軍事攻撃は、人口密集地帯に対して警告すらなしに行われており、無差別爆撃に相当するような被害が出ていると思える点から、均衡性はほど遠いと考えます。それどころか日々激化しています。

――国際世論は分裂してしまいました。アメリカや西欧諸国はイスラエルを支持し、第三世界の諸国と人民はガザの人々の支援を必死で呼びかけています。南アフリカ政府が国際司法裁判所（ＩＣＪ）に訴え、ＩＣＪはガザの事態をジェノサイドの蓋然性の観点から、ガザのパレスチナ人はジェノサイドから保護される権利があるとの視点を見せています。

清末――イスラエルは以前からガザを封鎖して、集団の破壊を目的とするジェノサイドにつながる状況をつくり出してきました。わたしはそれを「緩慢な窒息作戦」と言ってきました。現状は文字通り法的な意味でのジェノサイド、またはホロコーストと呼ぶべきではないでしょうか。一刻も早い停戦が必要なのに、残念ながら国連は無力と言わざるを得ません。

——日本政府の対応はガザの悲惨な状況を放置することに加担しているように見えます。

清末——日本政府は、例えば、東エルサレムを含むヨルダン川西岸地区におけるイスラエルの入植活動を明確に国際法違反として位置づけていることなどからもわかるように、一九六七年の第三次中東戦争の結果としてのイスラエルによる占領自体を国際法上認められないと考えてきました。しかし、これを含むさまざまな国際法上の違法行為に対して、毅然とした対応を行ってきたとはいえません。つまり、国際法違反の積み重ねを結果的に看過してきたわけです。その意味では、イスラエルによる非道な占領や軍事封鎖を支え、パレスチナ人を見殺しにしてきたのではないでしょうか。そうした政権を選んだ私たち自身の責任も問われます。

——イスラエル／パレスチナで立憲主義はどうなっているでしょうか。

清末——パレスチナの立憲主義は極めて難しい問題で、容易に答えられません。占領下パレスチナの支配者はイスラエルです。自ら「中東で唯一の民主的国家」と標榜するイスラエルは基本法を持ち、二〇一八年にも基本法の一つとして国民国家法が可決されました。その中では、イスラエルがユダヤ人の民族的郷土であることやユダヤ人の自己決定権が謳われているほか、エルサレムを首都と明記し、ヘブライ語が国語と位置づけられています。国際法上、明らかに違法の存在である入植地（パレスチナ人の土地を奪って建設されている）の建設を推進しています。イスラエル国籍やエルサレムの永住権を有するパレスチナ人と、ガザやヨルダン川西岸地区に住むパレスチナ人の双方にとって、非常に排他的な内容であり、ユダヤ人だけを対象とする民主的国家という側面と背中合わせになっていると読み解くことができるでしょう。

北海道や沖縄を考えると、イスラエル／パレスチナ問題が具体的に見えてきます。アイヌモシリの一部である北海道がいかなる形で「征服」されたのか。日本国憲法はいかなる寄与をしているのか。「アイヌ民族の先住権」を否定するために憲法が使われています。二〇〇七年の国連先住民権利宣言は「集団的権利」を定めているのに、憲法を用いて集団的権利を否定する。アイヌ語は否定され、日本語のみが用いられる。他者を排除することによって民主的国家を寿ぐ逆説です。

四　平和主義と立憲主義

――憲法では「国民」が主体とされ、マイノリティ概念がありません。

清末――憲法学の中にも問題意識を持つ学説はありますが、決して主流にはなりません。現行憲法の下で先住権を本当に導くことができないのか。できるという解釈は十分可能です。個人の権利と集団的権利は必ずしも対立するものではありません。二項対立論を無前提に採用する理由はありません。

そもそも植民地に古典的な近代市民法の論理を持ち込むことが植民地主義です。近代市民法の個人概念や、私的自治や、契約自由の原則を、異なる社会にいきなり持ち込めば矛盾が生じます。矛盾をいかに乗り超えるかを考えないといけません。先住民概念だけでなく、ＤＶ防止法のように私的領域にかかわる問題は同じ構図です。「法は家庭に入らず」と言うことでどれだけの人権侵害を放置してきたか。権力関係から生じる差別や暴力問題を近代市民法は置き去りにしました。ＤＶ防止法を作ったということは、そこから一歩前進できたということです。

――先住民概念についても近代市民法の論理を超えることが求められています。

清末――例えば憲法第一三条の幸福追求権から出発することができます。北海道や沖縄の現実を踏まえた憲法論がメインストリームになりにくい面はあります。いまだに近代法原理をやたらに持ち出すのは、現実が見えていないからです。

――近代市民法だけでは説明できない現実をいかに憲法論に反映するのか。

清末――「抽象的市民から現実の具体的市民へ」と言ってきましたが、理論化できていません。笹沼弘志さんがおっしゃるような「臨床憲法学」の深化が不十分という言い方もできます。「本土」にいて、原理論の基礎研究をしていると、個人主義に純化された現実無視の理論を構築してしまいかねません。私自身も不十分なのですが、すでにアイヌ民族から問題提起を受けているのだから臨床憲法学を発展させる必要があります。

恐怖と欠乏からの自由

――日本国憲法前文は「われらは、全世界の国民が、ひとしく恐怖と欠乏から免かれ、平和のうちに生存する権利を有することを確認する」としています。

清末――憲法学の分野では、恐怖を第一義的には戦争や武力行使、および圧制ととらえる傾向があります。私自身がパレスチナで数えきれないほど多くの武力行使の現場を目にしてきた経験からも、戦争や武力行使は、人に恐怖心を抱かせる究極的な暴力の最たるものと思っています。しかし、けっしてそれだけに限定されるわけではありません。恐怖の形態はさまざまです。私たちの足元にも恐怖を生み出す暴力が多様な形で存在しています。恐怖とは何かということを考えるうえでは、さまざまな形態をとる暴力の特徴が〈力による支配〉であることを理解する必要があります。

――全世界の国民が恐怖と欠乏から免かれるというのは、アジアの人民が日本でヘイト・スピーチの被害を受けないことを意味するのではないでしょうか。

清末――そうですね。恐怖の形態には、いじめ、ハラスメント、差別、ＤＶ、児童虐待、性暴力、失業により生活維持が困難になる事から生じる不安、自然災害など、あげていけばきりがないほどあります。

平和概念の再構築

――平和的生存権は人権全体に関連するもので、憲法第九条に密接に繋がるとはいえ、それだけに閉ざして解釈するべきではないのですね。

清末――恐怖の原因は多様であり、その形態も多様ですが、大きな特徴は支配と被支配という権力関係に依拠してふるわれる暴力にあります。そうであるから、さきほど暴力の特徴は〈力による支配〉と言ったのです。それにより、個人の心身を支える要素である尊厳が傷つけられます。その意味では、平和主義の観点から憲法第二四条の意義を考え直す必要があります。

憲法第二四条一項は、近代市民法に基づく婚姻の自由を徹底させることを目的としています。大日本帝国時代の男性中心の家父長的なしくみである家制度の下で、女性が劣位に置かれていた歴史に鑑みて、憲法上の婚姻の要件として「両性の合意のみ」を盛り込みました。これは、婚姻の当事者主義を示すものであって、婚姻が法律上異性の二人の間でなされることをわざわざ規定する意味を持つものではありません。あえて「両性」とすることで婚姻時に女性の意思が軽視されないようにしたのです。二項は、家族に関する立法が個人の尊厳と両性の本質的平等に基づくとする、立法上の憲法規範を規定しています。いうなれば、立法府である国会には立法における裁量があるとはいえ、これら二つの規範に反することはできないことを意味しています。

ここで非常に重要なことは、個人の尊厳が両性の本質的平等よりも前にある点です。これは、立法規範の総論が個人の尊厳にあることを示すものです。両性の本質的平等は各論ともいえるでしょう。個人の尊厳なくして平等はない。自らの力でなんのしがらみもなく容易に自己決定ができる強い個人にとっては、平等だけで十分かもしれません。しかし、何重にも差別的な社会構造の中でさまざまに脆弱性を押し付けられてきた「弱い個人」はどうでしょうか。一方的に何らかの脆弱性を強いられることで、尊厳がおびやかされ続けてきた個人を守るための立法を促すためには、尊厳が軸となる規範が打ち出されなければなりません。

個人の尊厳を脅かすもの。さまざまな要因がありますが、力による支配である暴力はその大きな要因の一つとなります。その視点に立脚すれば、例えば、親密圏でのジェンダー秩序に基づく非対称な関係に依拠して、種々の形態を持つ暴力を相手にふるうこと、すなわちＤＶの本質が支配にあることが見えてきます。加害者は被害者を支配下に置き、被害者が何らかの抵抗をするなどして意に反することをすると、二度と抵抗できないように暴力で押さえ込み、また加害者の怖さを思い知らせるために罰するのです。支配と被支配の関係は親密圏で起きる暴力に限られず、同様の発想は植民地支配下や占領下などでも見られることです。安全保障政策における大軍拡を形成し、支える発想はまさにこのような考え方で成り立っています。

――平和の憲法上の定義も変わってくるのでしょうか。

清末――安保法制違憲北海道訴訟の控訴人陳述書（二〇一九年）に書きましたが、「平和」とは、「人が生きるという根本的な行為に対して、具体的な安心感を与えると同時に、人間としての尊厳をもって生きるということを肯定的にとらえる大きな安心材料を与えるもの」と考えています。

――平和は単に状態を意味する概念ではなく、尊厳や権利にかかわる概念だということですね。

清末――日本国憲法前文は「全世界の国民」を対象として、まさに権利としての平和的生存権を規定しています。そこで確認されているのは、第一に、起きている人権侵害を黙認せず、恐怖や欠乏を生み出す構造を見据えながら、それらにさらされている人々に心を寄せることが求められます。第二に、その構造に挑戦するための行動をできる限りすることが必要です。主権者の一人としての責務ですし、憲法研究者の矜持として私自身の責任を問い続けるつもりです。

付け加えると、平和主義は日本国憲法だけの原理ではありません。現在では多くの諸国の憲法に平和主義が掲げられていますし、国連憲章は国際平和を最大のテーマとしています。二〇一六年には国連総会で平和への権利宣言が採択されました。

復興支援による女性抑圧

――憲法学が日本だけでなくアフガニスタンやパレスチナの女性の人権状況に学ぶとは何を意味するでしょうか。

清末――力による支配の影響が顕著に現れる紛争地では、総じて女性の人権が非常に制限されます。それを比較することの意味、比較法のアプローチをどう考えるかですが、アフガニスタンの家父長的規範に基づく女性抑圧は私たちの問題でもあると捉えなければならない面があります。一九七〇年代以後のアフガニスタンは、軍事力に依拠する支配がこうした規範と共鳴しながら女性を追い込んできたのです。国際社会が大きく絡むその背景を無視して、アフガン女性は酷い状況に置かれており、日本と比較できません、では話にならない。この二〇年の「復興」過程で途方もないお金をかけました。国際社会も日本政府もアフガニスタンに膨大な支援金を注ぎ込んだ結果、どうなったのか。女性の状況を大きく改善することに何か成果があったのか。語るべき顕著な成果が出ていないのは、国際社会や日本政府がどういう政権を、どのように支援したのかにかかわるわけです。

――９・11以後に始まった対テロ戦争を正当化する理由の中には、アフガン女性の抑圧状況からの解放も入っていました。

清末――都合の良い時だけ語るけれど、復興支援下での政策を見れば、女性解放の諸要因の根絶につながる抜本的なことがなされたとは言えない。暫定行政機構の時も移行政権の時も正式政権の時も、どの人たちを政権中枢に据えて、どのような政策をとらせようとしたのか。いわゆる北部同盟系を重用した訳です。北部同盟系のジェンダー観はターリバーンとさほど変わりませんから、前進するはずがない。社会が変わるはずがない。

――パレスチナについてもイスラーム圏だから女性が抑圧されているということしか語られない。

清末――パレスチナ女性が抑圧されるのは、パレスチナの家父長的規範のせいだけではありません。

占領支配下であることと、イスラエル内部の占領を支える社会規範・メンタリティが明らかに結びついています。さまざまな要因があるのに、どうしても一つの要因に着目してしまう傾向がある。これでは一面的にしか見ることができません。

他方でアフガニスタン女性革命協会（ＲＡＷＡ）は、アフガニスタンの家父長的規範の問題と、外部からの占領者の支配の双方を批判してきました。ある種の「普遍主義」を紡ぎだしてきました。アフガニスタンの特殊性の中から、改善のために「普遍性」を打ち出す。ＲＡＷＡの女性たちは長い闘いを経て、そういう作法を身に着けてきました。そこに私たちが学ぶべき点がある。私はそのことを一番学んだと実感しています。私を含むアフガニスタンにかかわろうとする者がときにして文化相対主義に陥りがちになるときに、ＲＡＷＡの女性たちは「西欧」の帝国主義的な発想と結びつきがちな人権論を批判的にとらえながらも、文化相対主義に対する警鐘を鳴らしてきました。それは、過酷な状況下で自らが闘い続けてきた歴史と闘いゆえに勝ちとった成果、そして自らの存在が否定されることを許さないという矜持から来る警鐘でもあります。

――紛争地でマイノリティ女性が置かれた状況を見据え、解放を求める闘いとして「普遍性」を再構築する。

清末――私は「バウムクーヘン」に喩えてきたのですが、要因が複数あって、さまざまな層を構成している。膨らんでしまうと切るのが難しくなります。外からかかわる私たちは少なくともバウムクーヘンの輪を増やすことはやってはいけない。バウムクーヘンの中にある多層をなす要因の一つだけを取り上げて理論化してもいけない。

平和主義を再構築するために

――最後に憲法第九条と第二四条の関連についてもう一度、お願いします。

清末――憲法第二四条の草案であるベアテ・シロタ・ゴードンによる第一八条案、及びそれを基にしたＧＨＱ草案二三条は、後半は現在の第二四条と同じ趣旨ですが、前半は短縮されました。ベアテの構想は個人の尊厳と、法的だけでなく社会的にも両性が平等であること、そして、男性支配ではなく両性の協力という点にあります。両性の本質的平等から評価する声が多々ありますが、ベアテがこだわったのは個人の尊厳だと思います。そのことは彼女が起草した他の条項案全体に表れています。

女性の社会進出を示す一つの指標であるジェンダー・ギャップ指数において、日本は一一八位（二〇二四年、世界経済フォーラム）でした。その前年は一二五位でした。ジェンダー不平等問題は平和をどう位置づけるのかに関連します。私的領域における差別や暴力を解決しないと非暴力的な社会を作ることはできません。憲法第九条が平和主義を象徴する条文だというだけでは不十分です。親密圏における暴力にどう向き合うのか。暴力を正当化し、放置する社会では性差別をなくすことができません。平和的生存権を土台の辺にし、憲法第九条と第二四条をそれぞれ別の辺として伸ばしつつ交差させる平和憲法論の有効性を広げなければなりません。私はそれを「トライアングル平和憲法論」と呼んでいます。

第二四条がどのような社会を想定しているのか。どのような構成員から成る社会を作るべきなのか。「強い個人」だけの社会ではなく、「弱い個人」をいかにして救済するのか。権力関係の下で虐げられている人々を救済する尊厳概念を発展させないといけない。憲法学にも平和運動にもまだこの視点が欠けていると言わざるを得ません。

〈お薦めの著書3冊〉
① 清末愛砂・前田朗・桐生佳子編著『平和とジェンダー正義を求めて――アフガニスタンに希望の灯火を』（耕文社、二〇一九年）
② 清末愛砂『ペンとミシンとヴァイオリン――アフガン難民の抵抗と民主化への道』（寿郎社、二〇二〇年）
③ 猫塚義夫・清末愛砂『平和に生きる権利は国境を超える――パレスチナとアフガニスタンにかかわって』（あけび書房、二〇二三年）

第二章　法の支配と立憲主義を考える――安倍国葬の憲法論　清水雅彦

一　国葬と憲法

――二〇二二年七月八日の安倍晋三元首相銃撃事件によって政治のフェーズが大きく変動しました。自民党サイドは安倍政治の継承を打ち出しましたが、安倍国葬問題や統一協会問題に焦点が当たり、政治の先行きが不透明になりました。

清水――安倍元首相銃撃事件直後に「憲法改正が安倍元首相の思いを引き継ぐ」という物言いがなされました。「敵基地攻撃」論や「防衛費ＧＤＰ二％以上」論という形で、もはや憲法の平和主義による制約を飛び越えて、一気に軍事化を進める改憲論が浮上しています。この点については後ほどお話しします。

岸田文雄首相がごり押しした安倍国葬が国論を分断した上、統一協会問題への対応があまりに後ろ向きだったため政権への信頼が失われ、岸田政権は動きが取れなくなったのが実状です。それでもロシアによるウクライナ戦争、東アジアにおける米中対立などを背景に、日本政治の軍事優先志向に歯止めがかかりにくくなっていますから、改憲の動向には要注意です。

――安倍元首相国葬問題について改めて伺います。二〇二二年九月二七日の国葬強行によって表面的には一段落したとはいえ、国葬の憲法論と政策論はきちんと議論を詰めておかなくてはならないはずです。

清水――安倍国葬問題には多面的な「問題」がありますが、一面的で近視眼的な議論が横行したと言わざるを得ません。

そもそも国葬なるものの歴史的考察が十分になされていません。大日本帝国憲法下の国葬令に基づく国葬には、①天皇及び皇后など、②皇太子など皇族、③「國家ニ偉勳アル者」の三つが含まれました。③は岩倉具視（右大臣）、伊藤博文（首相・公爵）、大山巌（元帥・陸軍大将・内大臣・公爵）、山県有朋（元帥・陸軍大将・首相・公爵）、松方正義（首相・公爵）、東郷平八郎（元帥・海軍大将・侯爵）、西園寺公望（首相・公爵）、山本五十六（元帥・海軍大将・連合艦隊司令長官）など一二名で、国や天皇に功績のあった者を国家全体で悼むことで国民統合、天皇制と軍国主義の強化を狙ったものです。それゆえ日本国憲法の国民主権や平和主義に抵触すると考えられ、一九四七年に国葬令が廃止されました。一九六七年に吉田茂の国葬が行われたのを例外として、その後は国民葬、内閣・自民党合同葬、衆議院・内閣合同葬、自民党・田中家合同葬（田中角栄）、島根県掛合町・自民党島根県連・竹下家合同葬（竹下登）などの形式が採用されました。六〇～七〇年代に衆議院や参議院で、国葬の根拠法令がないこと、何らかの基準を定める必要があることが繰り返し指摘されながら、実現しませんでした。

今回の安倍国葬は、こうした歴史を無視して、国葬儀は行政権に属するとし、内閣府設置法に「国の儀式」の定めがあることを利用して、国葬儀は閣議決定だけで可能だなどとごまかした訳ですが、法解釈があまりにずさんで顰蹙を買い、世論を納得させることができませんでした。

本物の国葬とニセモノの国葬

――安倍国葬の違憲性を主張して、差止訴訟、賠償請求訴訟などいくつもの訴訟が提訴されました。地方自治体レベルでは国葬参列を批判して監査請求やその後の訴訟が続いています。

清水――憲法上の論点も多数ありますし、法律論、政策論を含めると数えきれない問題を残したままです。憲法論としてはまず実体的な権利の侵害問題があります。①憲法第一四条の法の下の平等、②憲法一九条の思想・良心の自由、③憲法二〇条の信教の自由・政教分離、④憲法二一条の表現の自由、⑤憲法二六条の教育を受ける権利との関係が論じられる必要があります。

手続面でも、⑥憲法六六条三項の内閣の国会に対する連帯責任、⑦憲法七三条一号・五号の内閣の職務、⑧憲法八七条の予備費、⑨憲法八三条の財政国会中心主義（財政民主主義）、⑩憲法八五条の国費の支出及び国の債務負担、さらには⑪憲法五三条の臨時国会の規定など、検討するべき論点が多数あるのに、岸田政権は小手先の弁明を繰り返すだけで、まともな説明責任を果たさず、ひたすら国葬を強行しました。

これに対して二〇二二年八月三日、全国の八四名の憲法学者が「政府による安倍元首相の国葬の決定は、日本国憲法に反する――憲法研究者による声明」を発表しました。憲法上の論点を明快に指摘し、世論形成に役割を果たすことができたと思います。

――「国葬でない国葬」に格下げとなり、与党筋からも「こんな国葬では安倍さんがかわいそうだ」という声が出る始末でした。しかもエリザベス女王が逝去し、ロンドンで国葬が執り行われたため、「本物の国葬」が流行語になり、ニセモノの国葬の稚戯が浮き彫りになりました。

清水――党内的には安倍派の支持取り付けを狙うとともに、党外的には安倍元首相・政権の美化、モリカケ問題をはじめとする弊害の隠蔽、改憲の正当化・利用を果たすことができたと言えるかもしれません。国葬当日は、黙祷の前に自衛隊儀仗隊が着剣捧げ銃の敬礼をし、黙祷時に陸上自衛隊中央音楽隊が戦前の軍隊歌である古矢弘政作曲「国の鎮め」を演奏し、勅使・皇后宮司拝礼時に陸上自衛隊中央音楽隊が「悠遠なる皇御国」を演奏するなど、天皇制と軍事大国化への道を露骨に指し示した訳です。

二　立憲主義を問う意味

――「憲法とは何か」、「立憲主義とは何か」という基本が見失われています。

清水――まさに法の支配と立憲主義の危機ですが、この危機は長期的に続いてきました。日本国憲法を忌避する政党が長い間、政権与党を担ってきたためです。法治主義と法の支配を例に考えると、かつてのドイツや戦前の日本では、法内容に関係なく法は守るべきものとして、「悪法も法なり」という意味での法治主義が語られました。他方、英米では、法は正義にかなっていなければならない、悪法は無効にすべきである。それゆえ、悪法は時に破るべきという意味での法の支配が採用され、現在では多くの国でこの考え方が採用されていると言えます。

単に言葉の問題ではなく、民主主義と立憲主義の地平で問われることになります。安倍政権は多数派＝正義という「単純多数決主義」に立って、民主主義を痩せ細らせてしまいました。憲法四三条の「国会＝国民の代表機関」という規定の下で、政治的に評価の分かれる重要問題に対して多数派は自制的な態度が必要となるのに、「五一％は一〇〇％である」と開き直る政治が横行しました。立憲主義を強調しなくてはならないのはこのためです。もともと近代立憲主義は国王など国家権力を縛ることが目的でした。ナチス・ドイツの歴史を踏まえて、現代立憲主義は多数派の暴走を阻止することも目的にしています。通常は多数決原理に基づく民主主義（議会制民主主義）が採用されますが、同時に立憲主義でこれを是正するメカニズムが不可欠です。

――日本国憲法にもそのメカニズムが書き込まれているでしょうか。

清水――憲法の保障と憲法の改正という文脈で明示されています。憲法の保障（憲法内的保障）については、憲法は国家の最高法規として国家権力の行動・範囲を定め、国民の基本的人権を保障するものですが、公権力が憲法を侵害するような場合に、憲法規範の回復・予防措置が必要となります。憲法の最高法規性を宣言し（憲法九八条一項）、違憲の法律・政府行為等は無効とする憲法八一条により担保しています。

三権分立という統治技法は、権力を分割しつつ、相互にチェックすることによって、一部権力の暴走を止めるメカニズムと言えます。違憲審査制（憲法八一条）は、一九世紀初頭に誕生したアメリカ独特の制度（一八〇三年連邦最高裁判決）に由来しますが、第二次世界大戦後に「違憲審査革命」で世界に広がりました。形式的に多数派形成したナチスの経験から、多数派による暴走を是正するためです。そして憲法九九条は、天皇をはじめ公務員の憲法尊重擁護義務を定めることで、実際に公権力行使する者を縛るものです。

――憲法違反をする容疑者の筆頭に天皇が掲げられています。

清水――よく誤解されますが、ここに国民は含まれません。国民が憲法を定め、権力者に守らせるのが国民主権の立場だからです。このことは硬性憲法の技術（憲法九六条）にもかかわります。最高法規としての憲法は法律のように簡単には改正できないという考えになります。憲法改正手続は、①国会による発議――各議院の総議員の三分の二以上の賛成で国会が発議、②国民による承認――国民投票における過半数の賛成で承認、③天皇による公布という手順を必要とします。

三　改憲論議の動向

――次の国政選挙が三年後になるため「黄金の三年間」と言われ、岸田政権が思いのままに改憲に打って出ることができると予想されました。実際には、二〇二二年七月に安倍元首相銃撃事件が起きて、安倍国葬強行問題と統一協会問題が急浮上しました。おまけに閣僚の失態が続き、岸田内閣支持率は急降下しました。

清水――何も無理して国葬を強行する必要はなかったのです。ただ岸田首相の党内基盤は必ずしも盤石ではなく、清和政策研究会（安倍派）の支持を取り付ける必要もあったと思います。国葬反対運動があれほどの広がりを見せると予想していなかった。

「敵基地攻撃」論の問題点

――統一協会問題も、すっかり忘れられていたわけですが、深刻な被害が続いていました。安倍元首相が政権返り咲きのために統一協会に再接近して、問題を招き寄せた結果、岸田政権にとって打撃となりました。情勢は先行き不透明ですが、岸田首相就任以来、安保三文書、「敵基地攻撃」論、防衛費GDP二％論など、きな臭い話が続きます。

清水――「敵基地攻撃」論の前提としてイージス・アショア配備計画停止があります。二〇年六月一五日、河野防衛大臣がイージス・アショアの配備計画停止を発表し、安倍首相がこれを了承しました。三日後の六月一八日、安倍首相が「敵基地攻撃能力を含む安全保障戦略の見直し」を発表しました。続いて八月四日、自民党政務調査会国防部会・安全保障調査会が「国民を守るための抑止力向上に関する提言」を発表しました。「敵基地」に限定せず、「相手領域内」を対象としていました。

二〇二〇年九月一一日、安倍首相の「内閣総理大臣の談話」を経て、同年一二月一八日、菅政権の閣議決定「新たなミサイル防衛システムの整備等及びスタンド・オフ防衛能力の強化について」に至ります。「陸上配備型イージス・システムに替えて、イージス・システム搭載艦二隻を整備する。／……スタンド・オフ・ミサイルの整備及び研究開発に加え、多様なプラットフォームからの運用を前提とした一二式地対艦誘導弾能力向上型の開発を行う。」とされました。

二〇二二年二月二四日のロシアによるウクライナ侵攻を受けて、同年四月三日、安倍元首相の山口市内での講演では「基地に限定する必要はない。向こうの中枢を攻撃することも含むべきだ」とエスカレートしました。四月二六日、自民党の「新たな国家安全保障戦略等の策定に向けた提言」では「弾道ミサイル攻撃を含むわが国への武力攻撃に対する反撃能力」の保有を提案し、「反撃対象は相手国のミサイル基地に限定されず、指揮統制機能等も含む」となりました。

――完全に先制攻撃だと思いますが、従来の政府見解に照らしてどう理解できるでしょうか。

清水――憲法と自衛権について、『防衛白書』では「この平和主義の理想を掲げる日本国憲法は、第九条に戦争放棄、戦力不保持、交戦権の否認に関する規定を置いている。もとより、わが国が独立国である以上、この規定は、主権国家としての固有の自衛権を否定するものではない。政府は、このようにわが国の自衛権が否定されない以上、その行使を裏づける自衛のための必要最小限度の実力を保持することは、憲法上認められると解している。」としています。

保持できる自衛力については、「自衛のための必要最小限度のものでなければならないと考えられている。……個々の兵器のうちでも、性能上専ら相手国国土の壊滅的な破壊のためにのみ用いられる、いわゆる攻撃的兵器を保有することは、直ちに自衛のための必要最小限度の範囲を超えることとなるため、いかなる場合にも許されない。例えば、大陸間弾道ミサイル（ＩＣＢＭ）、長距離戦略爆撃機、攻撃型空母の保有は許されないと考えている。」となっていました。専守防衛が原則ですから「相手から武力攻撃を受けたときにはじめて防衛力を行使し、その態様も自衛のための必要最小限にとどめ、また、保持する防衛力も自衛のための必要最小限のものに限るなど、憲法の精神に則った受動的な防衛戦略の姿勢をいう。」としてきました。

――憲法九条を完全に無視して、見境なく「敵基地攻撃」論を唱えています。

清水――戦争違法化の中での九条という観点で見ると、かつての正戦論・無差別戦争観から侵略戦争の制限（一九一九年国際連盟規約）、侵略戦争の放棄（一九二八年不戦条約）、「自衛戦争」の制限（一九四五年国連憲章）を経て、「自衛戦争」の放棄（一九四六年日本国憲法）へと発展してきました。

国連憲章二条四項では、武力の威嚇又は武力の行使を「慎まなければならない」としていますが、日本国憲法九条一項は「永久にこれを放棄する」と明示しました。日本国憲法には国連憲章との連続面と断絶面がありますが、ヒロシマ・ナガサキの経験を踏まえて、「軍隊のない国家」を目指すことになりました。もともと自衛隊は違憲なので、議論するまでもなく「敵基地攻撃」論も違憲です。

――従来の政府見解にも抵触します。

清水――政府の九条解釈では、「戦力」は「自衛のための必要最小限度の実力を超えるもの」であり、「実力」は憲法上保有できる（自衛隊を違憲としない政府の解釈、警察以上軍隊未満）とされてきました。憲法九条の枠を超えている疑いがありますが、国会論戦と世論によって九条による制約が構築されました。自衛隊の海外派兵の禁止（一九五四年参議院決議）、専守防衛（五五年杉原荒太防衛庁長官答弁など）、武器輸出（禁止）三原則（六七年佐藤栄作首相答弁、七六年三木武夫首相答弁）、非核三原則（六七年佐藤栄作首相答弁）、集団的自衛権行使の否認（七二年・八一年政府見解）、防衛費のＧＮＰ比一％枠（七六年閣議決定）、そして自衛権行使の三要件（五四年政府見解）です。三要件とは、①我が国に対する急迫不正の侵害があること、②これを排除するために他の適当な手段がないこと、③必要最小限度の実力行使にとどまることです。

――制約を超えようとする政府と、制約を求める世論の間で綱引きが続いたということでしょうか。

清水――防衛費が増大し、自衛隊の海外派遣が続き、制約を打ち破ろうとする力が強まってきました。九条の制約が形骸化してきました。自衛隊の実態を見ると世界の軍事費・防衛費ランキングで日本は第八位又は第九位という上位を占めています。

自衛隊の海外派兵の禁止は、一九九一年の掃海艇「派遣」、九二年のＰＫＯ法制定、二〇〇一年のテロ対策特措法制定、〇三年のイラク特措法制定、一五年の「安保法制」（戦争法）制定によって形骸化が進行しました。

武器輸出（禁止）三原則は、一九八三年の対米武器技術輸出解禁、二〇一四年の防衛装備移転三原則策定、そして二二年三月四日、ウクライナに防弾チョッキ・ヘルメット等の提供方針が決定されました。さらに、二三年一二月には防衛装備移転三原則と運用指針を改定し、ライセンス生産品のアメリカ以外のライセンス元への輸出を可能にし、二四年三月の防衛装備移転三原則の運用指針改定で、英伊と共同開発中の次期戦闘機の第三国への輸出も可能にしてしまいます。

非核三原則についても実際にはアメリカの核持ち込みがなされていましたし、安倍元首相の「核共有論」（二二年二月二七日）まで唱えられています。

集団的自衛権行使の否認は、一四年の解釈改憲（閣議決定）、一五年の立法改憲が強行されました。防衛費のＧＮＰ比一％枠は、八六年に撤廃となり、二〇二二年四月二六日、自民党提言でＧＤＰ比二％以上が語られています。そして、二二年一二月一六日閣議決定の「安保関連三文書」によって、二七年度に防衛費をＧＤＰ比二％にするとしました。

二〇一四年の閣議決定では武力行使の新三要件が提示されました。①我が国に対する武力攻撃が発生した場合のみならず、我が国と密接な関係にある他国に対する武力攻撃が発生し、これにより我が国の存立が脅かされ、国民の生命、自由及び幸福追求の権利が根底から覆される明白な危険がある場合、②これを排除し、我が国の存立を全うし、国民を守るために他に適当な手段がないとき、③必要最小限度の実力を行使することは許容される、という三要件に該当する場合は武力行使可能、というものです。

――憲法解釈のなし崩しの変更です。

清水――法の支配をあざ笑うかのような憲法解釈ですが、それでも世論の批判を受けて、一定の歯止めをかける試みが続きました。今回は大きく異なります。解釈の変更が、もはやタガが外れたと言うしかない状況です。

「敵基地攻撃」論は、集団的自衛権行使容認と同様、従来の考え方とは質が違います。自衛権行使の三要件も専守防衛論も日本への攻撃発生という客観的要件によりいちおうの歯止めがありま す。武力行使の新三要件はどの国が我が国と密接な関係にある他国なのか、どういう事態が存立危機事態なのかについて誰かが判断する主観的要素があります。「敵基地攻撃」論も相手国の攻撃前・攻撃可能性に攻撃を判断する主観的要素がある訳ですが、実際には情報は国家安全保障会議に集約し、秘密保護法によって開示しない可能性があります。「戦争は秘密から始まる」と言われるように（満州事変・ベトナム戦争など）、自衛権行使にあたって主観的判断がなされることで自衛権行使に歯止めがなくなります。

国際紛争と軍事力行使

――国連憲章との関係も検討が必要です。

清水――国連憲章五一条は「この憲章のいかなる規定も、国際連合加盟国に対して武力攻撃が発生した場合には、安全保障理事会が国際の平和及び安全の維持に必要な措置をとるまでの間、個別的又は集団的自衛の固有の権利を害するものではない。この自衛権の行使に当って加盟国がとった措置は、直ちに安全保障理事会に報告しなければならない。」としています。「武力攻撃が発生した場合」という武力攻撃の要件、「国連安保理が必要な措置をとるまでの間に限って」という暫定性の要件、そして「自衛の措置は必要範囲内で」という均衡性の要件が設定されています。いわゆる「先制攻撃」・予防的攻撃や報復戦争は許されません。「先制攻撃」はもちろんのこと、「先制攻撃」ではない「敵基地攻撃」も国連憲章違反になる可能性があります。

――ロシア・ウクライナ戦争を口実に感情的な軍事力強化が強引に進められています。

清水――「九条は現実的でない」「非武装だと攻められる」などと言いますが、ウクライナには九条はありませんでしたし、非武装ではありません。逆にコスタリカ、ドミニカ、セントルシア、アンドラ、リヒテンシュタイン、サンマリノなど多くの軍隊のない国家は攻められていません。攻撃されるのは武装国家です。リアルな国際政治論を踏まえるべきです。

二〇二二年一一月三〇日に、政府の国家安全保障戦略など「安保関連三文書」の改訂に向けて、自民党と公明党の実務者協議があり、「反撃能力」の保有について実質合意しました。「反撃能力」という言葉は「敵基地攻撃能力」では先制攻撃のニュアンスが強いためでしょう。「武力攻撃事態」や「存立危機事態」において反撃するとしていますが、攻撃対象は明示せず、個別具体的に判断すると言います。敵基地に限られないということです。

相手が武力行使に着手したときを条件とするとしながら、いつ相手が攻撃に着手したかの認定については個別具体的に判断するという緩やかな基準しか示していません。国際法の「先制攻撃」に該当するかどうか、非常に重要な箇所であるにもかかわらず、基準を示そうとしていないのは驚きです。最初から恣意的な判断を許す姿勢です。

岸田首相は、二〇二二年一一月三〇日の参議院予算委員会で「先制攻撃は国際法違反であり、あってはならない。しっかりと明らかにできる制度をつくりたい」と述べましたが、基準も示さず、攻撃対象も個別具体的に判断するというのでは、なし崩しで先制攻撃に踏み込んでしまいかねません。「反撃能力」と言いながら「先制攻撃」の威嚇をすることで、相手側の攻撃を誘発する結果になりかねません。結局、「安保関連三文書」では、「反撃能力とは、我が国に対する武力攻撃が発生し、その手段として弾道ミサイル等による攻撃が行われた場合、武力の行使の三要件に基づき、そのような攻撃を防ぐのにやむを得ない必要最小限度の自衛の措置として、相手の領域において、我が国が有効な反撃を加えることを可能とする、スタンド・オフ防衛能力等を活用した自衛隊の能力をいう。」としました。すなわち、反撃対象を敵基地に限定せず、「相手の領域」にしたのです。内容からすると「敵地攻撃」「相手国攻撃」「全面攻撃」であって、これを批判する人・団体が「敵基地攻撃」論と限定して批判するのはおかしいでしょう。

そもそも「専守防衛」を国是としたにもかかわらず、憲法を無視して安保法制をつくり、日米安保条約の枠組みすら変更しかねない防衛政策の大転換を、短期間のずさんな協議で決めてしまうことは考えられません。

四　岸田政権の防衛費倍増と石破政権

――岸田政権は新たな「防衛力整備計画」で二〇二三年度から五年間の防衛力整備の水準を今の計画の一・六倍にあたる四三兆円程度として大軍拡の方針を採用しました。防衛省は二〇二三年度予算を「防衛力抜本的強化の元年予算」と名付けて公表しました。

清水――　これを受けて、防衛費の異常な増額が続いています。二〇一六年度から二〇二二年度まで防衛費（当初予算）は五兆円台だったのに、二〇二三年度が六・八兆円、二〇二四年度が七・九兆円、二〇二五年度八・七兆円と膨れ上がっています。これが防衛費GDP比二％になると、世界の軍事費・

防衛費ランキングで日本は第三位になります。このような規模になる自衛隊を単なる「実力」と言えるのでしょうか。

また、総務省発表による二〇二四年一二月の消費者物価指数は、変動の大きい生鮮食品を除く総合指数が四〇ヶ月連続で前年同月比から上昇しています。厚生労働省発表による二〇二四年五月の毎月勤労統計では、労働者の実質賃金が前年同月比で二六ヶ月連続マイナスとなりました（六・七月分ではプラスになりましたが、八〜一〇月分でまたマイナスになり、一一・一二月分でプラスになりました）。一方、主要上場企業の二〇二三年度経常利益が三年連続で過去最高益を更新しています。所得税の最高税率はかつて七五％だったのに今は四五％、法人税（基本税率）の最高税率はかつて四三・三％だったに今は二三・二％に下がり、この税収減を補うために税率三％で消費税を導入し（一九八九年）、これがその後、五％（一九九七年）、八％（二〇一四年）、一〇％（二〇一九年）に上がりました。防衛費増額のために、今後、法人税・所得税・たばこ税を増税するようですが（法人税・たばこ税は二六年四月から。所得税は開始時期未定）、このような経済状況の中で所得税を上げるのでしょうか。たばこ税は防衛費と全く関係ないでしょう。さらに、消費税の増額も考えられます。これでいいのでしょうか。

こんなに防衛費のためにお金を使うより、教育・福祉などに回した方がいいのではないでしょうか。国公私立大学の授業料無償化のための費用は一年間で約一・八兆円、全国の小中学校給食の無償化のための費用は一年間で約〇・五兆円、健康保険料の本人負担ゼロにするための費用は一年間で約五・二兆円あれば実現できるとされています。防衛費よりこのような費用のためにお金を使うべきではないでしょうか。

二〇二四年一〇月一日に石破政権が誕生しました。石破首相は、憲法九条二項を削除し、自衛隊を国防軍に変え、徴兵制を導入すべきと主張してきた超タカ派の人物です。岸田政権による「安保関連三文書」を着実に実行しようとするでしょう。「安保関連三文書」の具体化はますます自衛隊と九条との矛盾を大きくするため、自民党としては九条改憲が必要なのです。であれば、九条を変えさせないためにも「安保関連三文書」具体化阻止の取組が必要です。

〈お薦めの著書3冊〉
① 清水雅彦『憲法を変えて「戦争のボタン」を押しますか?』(高文研、二〇一三年)
② 清水雅彦『憲法改正と戦争 52の論点』(高文研、二〇二三年)
③ 清水雅彦『憲法入門――法・歴史・社会をつなぐ』(大月書店、二〇二四年)

第三章　安保法制違憲訴訟を闘う

内山新吾

一　安保法制違憲訴訟とは

――内山さんは安保法制違憲訴訟の弁護団で活躍されています。二〇一五年九月一九日、国会で安保法制が強行採決されました。平和運動、市民運動にかかわってきた人たちを中心に「安保法制は憲法違反だ」と、裁判運動を起こしました。

内山――私の地元山口では、全国各地の動きに続いて二〇一六年一二月二六日に山口地裁に国家賠償請求訴訟を提起しました。スローガンを「わや、しちゃーいけん」としました。山口弁で「無茶なことをしてはいけない」という意味で、「いけん」と「違憲」をかけています。「憲法第九条と立憲主義を破壊する安保法制は許さない」という決意の表明でもあります。先に立ち上げた弁護団が市民に呼びかけたところ、県内の一三市全部と五町から一一六名（その後の追加提訴を含めると一三五名）の市民が応じてくれました。国を相手に裁判をするのは初めてという人たちが、一〇万円の慰謝料を求めるけど金目当てではないという思いで立ち上がったのです。

――安保法制の違憲性を問う憲法訴訟ですが、中心的な論点は何でしょうか。

内山——安保法制は長年の政府解釈を投げ捨てて、従来は違憲とされてきた集団的自衛権の行使を容認するもので、憲法第九条に一見明白に違反するものです。それを裁判所に判断させることが一番の中心論点です。そして国賠訴訟であれば、安保法制の制定等によって原告の平和的生存権や人格権、さらには憲法改正・決定権が侵害されたことが論点になります。このうち何と言っても、付随的審査制の壁がある中で、裁判所が憲法判断に踏み込むかどうかが最大のポイントです。弁護団は、一方で安保法制の危険性と違憲性を主張立証しながら、他方で違憲判断の必要性、相当性を突きつける作業をしていくことになりました。

二　平和を求めるエネルギー

全国的な裁判運動

——全国各地の裁判所に提訴がなされました。かつて湾岸戦争の時に市民平和訴訟が全国の裁判所に提訴されました。カンボジアＰＫＯ派遣の時も、イラク自衛隊派遣の時も、各地の市民が立ち上がって平和のための裁判運動を展開しました。

内山——このたびの違憲訴訟では、北海道（札幌、釧路）、福島（いわき）、群馬、埼玉、東京（国家賠償請求、差止、女の会)、神奈川、山梨、長野、愛知、大阪、京都、岡山、広島、山口、高知、福岡(国家賠償請求、差止)、長崎、大分、宮崎、鹿児島、沖縄の二二の裁判所、二五の訴訟が提起されました。全国での原告総数は七六九九名です。

――国家賠償請求訴訟と差止訴訟の二類型があるようですが。

内山――全国的には国賠訴訟単独が多いのですが、東京などでは差止訴訟も行われています。それぞれに特有の論点はありますが、原告主張の権利について具体的権利性が認められるか、そもそも憲法判断が必要なのかという論点は共通です。ハードルの高さは基本的には同じと言えます。

本来なら憲法第八一条の違憲立法審査権を使って、裁判所が「安保法制は憲法違反だ」と判断するべきだと思います。ただ、日本の従来の裁判ではこのような法律自体の憲法判断はできず、具体的な権利侵害が起こることが必要とされています。事件性とか、権利侵害性の立証が求められます。たとえば安保法制によって自衛隊の出動命令が出されたが、その命令に従わない自衛隊員が受けた減給処分を「その処分は違法だ」と争うような場合です。自衛隊憲法訴訟では、平和的生存権の侵害の有無が大きな論点でした。平和的生存権を裁判規範として認めるかどうかも論争されてきました。古くは一九七三年の自衛隊長沼ナイキ基地訴訟札幌地裁判決(福島判決)や、二〇〇八年のイラク自衛隊派遣違憲訴訟名古屋高裁判決(青山判決)など、平和的生存権を裁判規範と認めた判決があります。今回も原告・弁護団は権利の侵害が起きていることは明らかだとして憲法判断を強く求めています。

一人ひとりの市民の声を

――二〇一五年の安保法制に対しては全国的な反対運動が盛り上がりました。そのエネルギーが裁判運動に反映しています。

内山――安保法制の成立を阻止することはできませんでしたが、安保法制廃止を求める運動が取り組まれました。私も毎月一九日の「忘れない行動」に参加して街頭から訴えてきました。二〇一五年の運動の高まりを経験した人たちは、安保法制の発動を何としても食い止め、廃止を実現したいという思いで、活動の核となるものを求めていたと思います。一人ひとりの市民の声を裁判所に届けることは私たちの重要な課題です。安保法制違憲訴訟の札幌訴訟の原告団長は、長沼ナイキ基地事件のあった長沼町の生まれで、高校二年生の時に一審札幌地裁の自衛隊違憲判決のニュースを見て、生涯忘れることのない大きな衝撃を受けたと言います。「憲法の力」に感銘を受けたそうです。

――私は札幌生まれで、当時高校三年生でした。長沼の原告団のところに援農に行きました。一審札幌地裁の福島重雄裁判長の自衛隊違憲判決は文字通りの衝撃でした。

内山——山口訴訟の原告の一人に『ズッコケ三人組』で有名な児童文学者の那須正幹さんがいました。残念ながら、那須さんは一審判決の翌日に亡くなられたのですが、原告団長として法廷で意見陳述をするなど中心的な役割を果たされました。那須さんの原点はヒロシマでの被爆体験でした。那須さんは法廷で、安保法制が制定されたために『ズッコケ三人組』を書くことができなくなった、と訴えました。自分の描く子どもたちはみな元気で明るく活発、平和で民主的な日本に暮らす子どもたちだからだと。それは衝撃的な言葉でした。

——安保法制違憲訴訟の会編『私たちは戦争を許さない』には、多数の原告の声が集められています。ジャーナリスト、元自衛官、基地周辺住民、宗教者、被爆者、作家、シベリア抑留者、元原発技術者、地方公務員、ピアニスト、憲法研究者・・・。

内山——山口訴訟の原告の年齢は二〇代から九〇代まででした。戦争体験者、引揚者、親から戦争体験を聞かされた世代、被爆者、その二世三世、岩国基地周辺住民、上関原発建設予定地住民、障害者、宗教者、医療従事者、農業者、学者・教員、元教員、親など様々な立場の様々な体験を持った方が原告になっています。

ある原告は、中国での戦争加害体験を持つ父親が消えることのない心の傷を負っていることを知り、その体験から安保法制制定に深く傷ついていました。また、ある原告は、かつての教え子が安保法制発動により南スーダンに派遣されました。教え子は戦地で自分が傷つく以上に、何の罪もない他人に銃を向けることに傷ついていたそうです。教え子の話を聞いて、教職にささげた自分のすべてが否定されたような衝撃を受けたそうです。

――弁護団にはすごい数の弁護士が結集しました。

内山――訴訟としては困難が予想されるものでしたが、寺井一弘弁護士らの提唱に全国の弁護士が応じました。全国の多くの弁護士から「立憲主義と民主主義が無視され続けるのを法律家として看過してよいのか」「戦争を憎み、人間の尊厳と平和を望む国民とともに精一杯の努力をするのが弁護士の使命ではないか」といった思いを胸に代理人に名乗りを上げた弁護士は全国で一六八五名に達しました。

弁護士としての生き方

――内山さんの弁護士人生において本件はどのような位置にあるでしょうか。

内山――私は、安保法制が強行成立した二〇一五年、日弁連副会長でした。弁護士会をあげて反対運動を展開し、議員要請行動もしましたし、国会議事堂へのデモのエネルギーを肌で感じました。憲法第九条をないがしろにするだけでなく、立憲主義の破壊ですので、安全保障政策の考え方の違いを超えて安保法制を許さない共同の闘いを展開しました。

そんな私ですが、安保法制違憲訴訟提起については躊躇した面もあります。国家賠償請求訴訟として組み立てても実質的には抽象的違憲審査を求めるものとして、裁判所に相手にされない可能性が高いと思ったからです。しかし、立憲主義の破壊を前に法律家として沈黙するわけにはいきません。弁護士としての生き方にかかわります。訴訟をやるべきだと考えました。当時、地元山口の平和運動や護憲運動の多くの人たちが批判の声を挙げて、かつてなく幅広く結集をして運動を展開していました。山口は保守的な地域と言われ、自民党が圧倒的な力を誇っていますが、岩国基地爆音訴訟や上関原発反対運動など地道な住民運動が続いていました。安保法制反対運動の組織が立ち上がり、その運動を継続・発展させるために違憲訴訟が取り組まれることになりました。

私が訴訟提起に先立って県内の弁護士に呼びかけたところ、一七人の弁護士が応じてくれました。憲法訴訟の経験のない弁護士や、集団訴訟に慣れていない弁護士が大部分でしたが、弁護団会議での討議を積み重ね、原告とも協議しながら、訴訟を進めていきました。

――原告にとっては、提訴に先立つ弁護団との協議が憲法学習の場になります。

内山――弁護士にとっても、戦争や憲法についての学習の場になっています。原告は県内各地から参加されています。初めて出会う方が多かったです。裁判所に提出する原告陳述書は、弁護士がそれぞれ担当して、一人ひとりの原告から直接お話を伺って作成しました。戦争体験を語る方もいれば、体験者ではないけれど戦争についての認識や思いを語る方もいます。こうしたお話を伺うことで、弁護士にも学習になり、弁護団と原告団の密接な関係構築ができました。

三　安保法制違憲訴訟判決

一審判決の概要

――提訴当初の裁判所の姿勢はどのような印象でしたか。

内山――当初、各地の一審の裁判所は、原告請求の証人採用に消極的で、人証は原告を若干名採用するだけという姿勢でした。しかし、群馬訴訟で前橋地裁が元内閣法制局長官の宮崎礼壹さんらを証人採用して以降は、各地で証人が採用されるようになりました。

宮崎さんの証言は、集団的自衛権行使の一見明白な違憲性を、長年の政府答弁と国会審議によって確立した憲法解釈という視点から論じたもので説得力があるものでした。残念ながらそれが前橋地裁判決に活かされることはありませんでしたが、各地の訴訟関係者を勇気づけました。

安保法制違憲訴訟に対して、最高裁をトップとする司法行政レベルでの動きがあったかどうかはわかりません。ただ、全国各地の裁判官のレベルでいろいろと情報交換をしている事実はあるようです。

――一審判決の全体の動向をまとめていただけますか。

内山――一審の山口地裁判決は二〇二一年七月二一日でした。山口地裁の裁判長は他の地裁と比べて原告の訴えに真摯に耳を傾けてくれたと思いますが、残念ながら合議体として出された判決は請求棄却で、判示内容も各地と同様な内容です。各地の一審判決はおおむね次のような内容です。

第一に付随的審査制のもとでは、違憲審査権は個別具体的な権利侵害がある場合に行使されるものであるから、その必要な限度を超えて行うべきではないとして、憲法判断を回避しました。第二に原告の平和的生存権侵害の主張に対して、平和的生存権の具体的権利性自体を否定しました。第三に人格権侵害の主張に対して、現時点では戦争による生命、身体に対する具体的・客観的な危険発生は認められないとか、代表民主制下での多数決原理による政治的信条の制約の問題だから受忍すべきとの理由で、権利侵害を認めませんでした。第四に憲法改正・決定権侵害の主張に対して、その具体的権利性は認められないというものです。

判決によっては、部分的には原告の思いに寄り添うような判示も見られますが、全体として一見明白に違憲の立法に対して、裁判官の疑問や怒りが感じられない判決文になっているのが極めて残念です。ただ、横浜地裁判決が「存立危機事態」の概念について、「規定の文言のみから直ちに明らかとは言えない部分もある」として、その立法上の不備を指摘した点は注目されます。

安保法制違憲訴訟の現在

――その後の控訴審・上告審の闘いはどのように展開していますか。

内山――山口訴訟の控訴審（広島高裁）では原告側に新たな立証の機会を与えず、一回結審でした。これは全国的にも異例なものです。裁判官忌避申立てをしましたが、認められず、二〇二三年四月四日、裁判所は右へ倣え式の内容で簡単に控訴を棄却しました。

ただ、いくつかの高裁では弁護団が攻勢的に主張立証を展開しました。例えば群馬や埼玉の控訴審では、人格権侵害について、安保法制の運用実態を解明し、戦争の危険性があったことを明らかにしました。具体的には、二〇一七年の朝鮮半島危機に際して当時の河野統合幕僚長が戦争を「六割」認識し、自衛隊統合幕僚がシミュレーションを行ったという事実を主張しました。そしてその立証のため、行政開示文書を提出したほか、国家安全保障会議議事録の送付嘱託を裁判所に行わせて、その資料を法廷に提示しました。戦争の危険が現実にあって人格権が侵害されたという主張について、具体的な証拠を示したのです。それでも高裁は、戦争の具体的危険はないと一方的に述べるだけで、司法救済を否定しました。実際に戦争が起きるまでは司法救済はされないことになります。

四　憲法改正・決定権を問う

――憲法改正・決定権は新しい論点だと思います。

内山――二〇一四年の閣議決定と二〇一五年の安保法制制定は、憲法改正しなければできないことを、改正抜きに行ってしまったものです。憲法第九九条で憲法尊重擁護義務が課された大臣や議員による立憲主義の蹂躙です。

第九六条では憲法改正手続きを定めています。これに基づいて国民投票法も制定されています。裁判所は、憲法改正・決定権の主張に対しては、これは具体的権利ではない、抽象的な違憲審査はできないと軽く一蹴しました。しかし、憲法に基づいて国民投票法もできているのですから、一人ひとりに国民投票をする権利が具体的に示されています。

二〇二三年四月七日、山梨訴訟控訴審の東京高裁で、憲法学者の長谷部恭男・早稲田大学教授が証人として出廷しました。憲法改正・決定権について、その侵害は明白で、およそ憲法判断を回避する余地はないと明快に証言しました。また、人格権侵害についても、戦争という取り返しのつかない結果が生ずる場合には具体的な危険の発生がなくても権利救済されるという、予防排除原則を適用すべきと証言しました。長谷部教授は仙台高裁でも同様の証言をしました。
安保法制が国会で審議されていた二〇一五年、三名の憲法学者が衆議院憲法審査会に招致されました。この時、自民党が推薦したのが長谷部教授でしたが、集団的自衛権行使を認める安保法制は違憲であると証言したことで大きな話題となりました。今回、長谷部教授は安保法制の違憲性に加えて、その違憲判断は回避できないこと、そして憲法改正・決定権の理論的実践的可能性を明確にしました。

——新たな学者証人の証言を受けて高裁はどのような判断をしましたか。

内山——裁判長自ら三〇分以上にわたって長谷部証人に質問をした仙台高裁では、違憲判断の期待が高まりました。しかし、二〇二三年一二月五日の判決は初めて憲法判断に踏み切ったものの、違憲判断は示しませんでした。閣議決定による憲法解釈変更が憲法第九条二項のもとで許される武力行使の限界を超えると解する余地はあるとしつつ、厳格かつ限定的な解釈の下に運用されるのであれば、違法性が明白であると判断することはできない、としたのです。裁判官はそれで歯止めをかけたつもりなのかもしれませんが、およそ政府がそのような厳格な運用をすることは期待できないので、司法として必要なチェック機能を果たしたとは言えません。

なお、神奈川訴訟では東京高裁が石川健治・東京大学教授の証人尋問をしながら、裁判長と右陪席裁判官が依願退職するという異例の展開となり、その後の二〇二四年六月一四日判決では、憲法判断を行う必要性、相当性があるとはいえないと判示しながら、国会答弁を根拠に、違憲性が明白であるとの判断をすることは困難であるとの不当な判断を示しました。

――最高裁の状況はどうですか。

内山――すでに一五件の事件は最高裁で上告棄却、上告不受理決定が出されています。いずれも、全く憲法判断をせず、上告理由がないなどとする数行の形式的な判断です。山口訴訟も二〇二四年四月二五日付で最高裁から薄っぺらの決定が届きました。

二〇二五年一月末現在、最高裁に係属中が二件、高裁係属中が三件となっています。残念ながら違憲判決は出ていません。しかし、明確な合憲判決も出ていません。

違憲行為抑止のために

――日本政府の軍事的な既成事実方針がほぼ一貫して進められました。日米安保条約体制を構築し、自衛隊を編成し、防衛費を増額し続け、装備も機能も飛躍的に強化されました。気が付けば自衛隊の海外派兵が強行され、「日米同盟」などという言葉が当たり前のように使われるようになりました。

それでも長沼ナイキミサイル基地訴訟における札幌地裁の自衛隊違憲判決（福島判決）や、イラク自衛隊派遣訴訟における名古屋高裁の自衛隊派遣違憲判決（青山判決）が、なし崩しの自衛隊機能強化に対する歯止めになりました。違憲判決を獲得できなかった場合でも、憲法第九条関連裁判の法廷で明らかにされた事実が野放図な運用に対する歯止めになってきました。

内山――安保法制違憲訴訟は、安保法制の廃止を目指す運動の中で生まれたものです。訴訟を通じて裁判所に政府の違憲行為を抑止させるとともに、裁判闘争によって安保法制を許さない世論をつくっていくことを狙っています。

――安保法制後の政治状況はいっそう独善的で憲法をないがしろにしているように見えます。司法が歯止めになっていないため、行政が自由気ままに違憲行為を積み重ねています。

内山――振り返ってみて、安保法制はまさにターニングポイントだったと言えます。平和安全保障問題に限らないことですが、その後の政治は国会軽視の閣議決定方式に依拠するようになりました。中身が憲法違反だということに加えて、国権の最高機関である国会を無視して、内閣が恣意的に方針を決定してしまう政治手法がまかり通っています。

平和安全保障問題では、日米同盟の名の下に集団的自衛権を前面に打ち出し、敵基地攻撃まで取りざたされています。安保法制が「平和安全保障」どころか、戦争を招きかねないものであることがここまで明らかになっています。それなのに裁判所は憲法第九条との適合性を判断しない。戦争の具体的危険性が見えているのに、あたかも、安保法制が原因ではなく、もっぱら北朝鮮や中国のせいだと言わんばかりの姿勢です。

五　戦争を招き寄せる政策

――二〇二二年にロシア・ウクライナ戦争、二〇二三年にイスラエルによるガザ攻撃が熾烈になりました。欧州諸国のみならずアジアにおいてもアメリカ中心の軍事思考が支配し、ロシアや中国を危険視して、封じ込めようとする流れが生まれてきました。

内山――ロシア・ウクライナ戦争発生後、隣国が一方的に攻めてくるという不安が煽られています。イスラエルによるガザ攻撃も不安を助長しています。東アジアにも同じことが起きるのではないか。その時、国民の生命をどう守るのか。そのために軍事的な備えをする必要があるという世論がつくられています。戦争が身近に感じられ、現実的問題となりつつある中で、戦争を防止するという思考が背後に押しやられ、戦争になったらどうするかばかりが論じられます。挙句の果てに、攻められる前に「自衛」の名の下に攻めるという議論を受け入れる雰囲気が生まれています。

――岸田文雄政権の「安保三文書」はまさに日米同盟の下で自衛隊を「専守防衛」から攻撃型軍事力に再編成するための基本文書です。

内山――私たちは安保法制違憲訴訟で、集団的自衛権の行使を容認する閣議決定と安保法制は「一見明白に憲法第九条に違反する」として違憲判断を強く求めました。しかし、「安保三文書」の改訂によって第九条違反がさらに深刻化しました。訴訟では、安保法制の本質がいっそう明らかになったとして、その危険性と違憲性についての主張を補充しています。

――敵基地攻撃論も飛び出しました。しかも、個別の政治家やメディアの勇み足ではなく、政権が敵基地攻撃論を利用してきた印象です。

内山――敵基地攻撃能力の保有を強く打ち出したのは安倍晋三首相（当時）でした。それはイージス・アショアの配備計画撤回の表明がされた直後のことでした。私の地元山口県の萩むつみ地区では、自民党員の町長が反対するなど地域をあげてのかつてない広範な住民運動が盛り上がりました。それが実を結んで、配備計画撤回に湧いていた時期だけに安倍首相による表明は支配層の執念のようなものを感じたのを覚えています。それでも当時は、敵基地攻撃能力が承認されるのは難しいだろうと思いました。ウクライナ戦争やガザ攻撃に伴う国民意識の変化に便乗して押し出してきたと思います。

——二〇二四年九月に自民党総裁が変わり、一〇月に石破茂政権が発足しました。

内山——石破首相は自民党の中でも強力な改憲・軍拡論者です。憲法第九条二項の削除と国防軍の保持を主張してきました。「自衛隊の明記」では足りないという立場です。アジア版NATOの創設、「国家安全保障基本法」の制定、集団的自衛権の全面的行使、アメリカとの核共有が持論です。その主張全てがアメリカに受け入れられないとしても、岸田文雄政権が敷いた改憲・軍拡への道を強く進めていくことが予想されます。憲法第九条と立憲主義を破壊する安保法制の危険性も決定的に高まると思われます。

平和を愛する諸国民とともに

——ロシア・ウクライナ戦争で「核兵器使用の危機」がたびたび話題になっています。そうした中、岸田政権は二〇二三年五月のG7ヒロシマ・サミットを核抑止確認の場にしてしまいました。各国首脳を広島に招き、原爆資料館を見学してもらったにもかかわらず、核廃絶ではなく核抑止を前面に打ち出しています。

内山――核兵器を含む抑止力論がかなり露骨に前面に出ているように思います。しかしG7のメンバーは決して全世界の人々の思いを代弁しているわけではないと思います。憲法前文の「平和を愛する諸国民」の連帯の力を発揮する時です。抑止力論と対決し、それを克服することがかつてなく求められていると思います。

――ウクライナやガザの現実は、戦争が起きるとなかなか止められない、対立が激化する一方で、お互いに一歩引くことも難しくなってしまう。

内山――軍事力、抑止力によらないで平和をつくることを憲法第九条は求めています。軍事力、抑止力によっては決して平和は実現しないという意味で、憲法第九条は現実的な発想から出発していると思います。軍事的な備えを強化すると周辺国との緊張が高まり武力衝突の危険性が高まります。そうではなく、徹底した粘り強い外交と安心の供与、そして各国の紛争の仲裁役を務めることによって「攻める口実がない」「攻めたくない」国になることが大切です。そういう具体的なイメージを広げ実践することで第九条を活かすことが必要だと思います。安保法制違憲訴訟は憲法第九条を守り活かす取り組みと一体となって前進していくものだと考えています。

――最後に、内山さんの今後の取り組みについてお願いします。

内山――三権の一翼を担う裁判所が、とりわけ憲法保障の役割を持った最高裁が、安保法制にだんまりを決め込んで、行政、立法の暴走にストップをかけようとしないことは、大きな「はて？」です。この「はて？」の世論を広げて、何としても違憲判断を勝ち取りたいと思っています。裁判が終了しても、安保法制の廃止を実現するための運動を続けていきます。そのためには身近なところで感じる軍拡の動きに対して「はて？」の声を上げ、新たな訴訟の提起を含め、それを多くの人と共有する取り組みを大事にしたいと思います。

〈お薦めの著書3冊〉

① 安保法制違憲訴訟の会編『私たちは戦争を許さない――安保法制の憲法違反を訴える』（岩波書店、二〇一七年）

② 寺井一弘・伊藤真・小西洋之『平和憲法の破壊は許さない』（日本評論社、二〇一九年）

③ 青井未帆『憲法と政治』（岩波新書、二〇一六年）

第二部　沖縄に憲法は適用されるか

第四章　沖縄から見た基地問題

高良沙哉

一　米軍による事故と犯罪

オスプレイ墜落事故

――二〇二三年一一月二九日、鹿児島県の屋久島沖で米軍輸送機オスプレイが墜落しました。米軍は乗員八名のうち七名の遺体を収容したようですが、身元や階級などは公表されていません。オスプレイは沖縄に移動する予定だったとの情報もあります。

高良――オスプレイは沖縄でたびたび問題を起こしてきました。二〇一六年一二月、名護市の集落近くの浅瀬に墜落しました。「不時着水」と称していますが、大事故でした。二〇二一年一一月、宜野湾市の住宅敷地内にオスプレイ機体から水筒が落下しました。負傷者は出ていませんが、非常に危険です。二〇二三年九月、新石垣空港にオスプレイ二機が緊急着陸しました。事故が頻発することで知られている危険な輸送機です。それを米軍は日本に持ち込んで、今では各地で飛行しています。沖縄では人口密集地の上空を我が物顔で飛行し、トラブルになってもおかしくない状況が放置されてきました。

危険なオスプレイを平然と飛行させてきたのは、沖縄の住民の生命と暮らしを軽視している証拠です。米軍も無責任ですが、日本政府が米軍の言いなりになっているのも問題です。

今回も日本政府は当初「不時着」などと言いつくろいました。米軍が墜落と認めると、日本政府も墜落と言い換えました。事故後、日本政府はオスプレイの飛行停止を要求するべきでしたが、要求しませんでした。八名もの犠牲が出たことで、米軍自身の判断で世界中のオスプレイの飛行が停止となりました。原因究明をして安全性を確認すると言っていますが、結局、十分な説明もないまま二〇二四年三月八日に飛行停止を解除しました。日本政府は事故原因と安全対策の徹底を米軍に求めるべきです。しかし、日本政府は米軍の判断を鵜呑みにするばかりです。私は三月下旬に沖縄県の伊江島に行きましたが、オスプレイが何度も旋回し、飛行訓練をしていました。事故の教訓が生かされているのか不明で、とても不安です。

――米軍による事故・事件は沖縄では年中起きてきました。住民の命と暮らしが危険にさらされ、子どもたちにもしわ寄せが続いています。沖縄の人々は長年、懸命に訴えてきたのに、日米両政府は改善する姿勢を見せません。

髙良――県民は実に長いこと米軍基地被害を訴えてきました。死亡事故も起きましたし、米軍兵士による殺人事件も繰り返されました。基地の騒音や土壌・水質汚染など環境問題も続いています。大きな事故や犯罪が起きた時だけでなく、日常が「軍事化」され、慢性的な被害が生じています。

事件・事故のたびに県民は本当に怒り、不安に脅えています。それにもかかわらず聞く耳を持たず、同じ事を繰り返してきました。

米軍による性暴力

――二〇二四年六月、またしても米軍兵士による性暴力犯罪が重大ニュースとなりました。二〇二三年一二月に一六歳未満の少女を車で誘拐し、自宅に連れ込み同意なくわいせつな行為をしたとして、那覇地検が不同意性交罪などで在沖縄米空軍兵長を起訴していたことが判明しました。ところが「プライバシー保護」などを理由に事件が公表されず、県側に伝えられていませんでした。

髙良――本当に許されない事件です。軍人による性暴力は、太平洋戦争末期に米軍が沖縄に上陸して以降、戦時中も戦後の米軍占領下でも、日本「復帰」後も現在に至るまで度々に起きてきました。一九九五年九月にいわゆる「少女暴行事件」（米軍人三名による少女に対する性暴力事件）が起きた際、日米地位協定の不平等性が大きく問題になり、地位協定の改定は実現しませんでしたが、公務外の事件について、米軍側の「好意的考慮」のもとに被疑者の身柄が日本側に引き渡されることになっていたはずですが、隠蔽されていた二〇二三年一二月の事件も、二〇二四年六月に発生した事件も身柄が米軍側にあるままでした。一九九五年を契機とした合意も反古にされていた状態です。「プライバシー保護」を理由としていましたが、被害者のプライバシーを守りながら、沖縄県や県民に知らせることも可能だったはずです。沖縄県が知らないことで、被害者やその保護者に対するケアが疎かになってしまったことは重大な問題です。性暴力が人間の尊厳を著しく傷つけることが共通認識になっている現代で、国に忖度した沖縄県警、検察、外務省や防衛省などは、時代遅れも甚だしく、強い憤りを感じます。二三年一二月から事件発覚までの期間には、駐日米大使の与那国島陸上自衛隊訪問、沖縄県議会議員選挙、岸田首相（当時）のアメリカ訪問、沖縄慰霊の日の岸田首相の沖縄訪問など、日本政府が沖縄の人々の抵抗の声を抑えておきたい行事がいくつもありました。一二月の事件がすぐさま明らかになっていれば、日本の総理大臣はアメリカを訪問した際に、米軍人の事件に触れないわけにはいきません。人権よりも日米関係や軍事を優先する日本の政治は間違っています。

「国益の名においてしわ寄せ」

――米軍基地の憲法論を確認しておきたいのですが、旧日米安保条約が一九五二年、現安保条約が六〇年、そして「沖縄返還」（本土復帰）が七二年です。憲法問題は当時の議論で終わったかのような扱いです。

髙良――「本土」側では「終わった」話なのかもしれません。半世紀にわたって沖縄に米軍基地を押し付けることが当たり前になっているからです。現状変革を求める沖縄の声に応答することがありません。

復帰前の一九七一年六月一七日の「沖縄返還協定（琉球諸島及び大東諸島に関する日本国とアメリカ合衆国との間の協定）」に対して、同年一一月一八日、当時の琉球政府は「復帰措置に関する建議書」を日本政府に提出しました。建議書は、「復帰」の心情として「基地のない平和の島としての復帰」を強く望んでいると記し、米軍基地の整理縮小と自衛隊配備反対を表明しています。建議書には「国益の名においてしわ寄せされる沖縄の基地の実態」という一文があります。日米安保条約によって沖縄を「要石」としている実態は「安保が沖縄の安全にとって役立つというより、危険だとする評価が圧倒的に高い」とも指摘しています。

都道府県では四番目に狭い沖縄に、七〇％もの米軍基地が押し付けられたままです。米軍基地が維持されたまま、現在は自衛隊が沖縄の島々にまで配備されています。まさに「国益の名においてしわ寄せされる沖縄の基地の実態」です。「基地の島」とされた沖縄の現状は「復帰」前も後も変わりません。

――日米安保が日本国憲法より上位に置かれている現状に、日本政府も本土の国民も疑問を抱かずに来ました。「対米従属こそ我が道」であるかのごときメンタリティにはいつも驚かされます。憲法の平和主義を理念とする平和運動であっても、例えば沖縄の負担軽減のために一部の基地を本土で引き取ろうという「基地引き取り論」に対して猛反発して「米軍基地は本土にはいらない」と堂々と主張します。日本本土のための「平和主義」が沖縄の米軍基地を維持する議論になっています。

二　自衛隊基地問題

沖縄の軍事要塞化

――二〇二二年一二月の岸田政権による安保三文書改定によって、沖縄の自衛隊基地問題が急速に変容しています。本土ではわずかしか報道されず、実態も問題点も見えにくくなっています。

髙良――まず、沖縄島には陸海空の自衛隊基地が配備されています。二〇一六年には航空自衛隊に第九航空団が新編され戦闘機が強化されました。一七年には南西航空混成団が南西航空方面隊に格上げとなりました。与那国島には二〇一六年、陸上自衛隊の与那国沿岸監視隊が新編されました。それまで与那国島に軍事基地はありませんでした。さらに新たな自衛隊施設計画があり、隊員の増員が計画されています。宮古島には二〇一九年、陸上自衛隊宮古警備隊が新設され、二〇二〇年、地対空誘導弾部隊、地対艦誘導弾部隊が配置されました。二〇二一年、保良訓練場（弾薬庫）の共用が開始され、弾薬が搬入されました。下地島の軍事利用の危険性も高まっています。さらに石垣島では二〇二三年、陸上自衛隊の運用が開始となりました。民間港である石垣港から軍用車両が陸揚げされ、公道を通って駐屯地に運び込まれました。

――「復帰」から半世紀を経て、沖縄への自衛隊配備が当たり前になってきたうえに、安保三文書による再編が始まっています。

高良――安保三文書では中国・台湾問題が日本を取り巻く安全保障の基本問題とされています。二〇二二年一二月、台湾有事を想定した自衛隊と米軍の共同作戦計画原案が作成されていることが明らかになりました。有事の初動段階で、米海兵隊が鹿児島から沖縄の南西諸島に、自衛隊の支援を受けて臨時の攻撃用軍事拠点を置く計画です。台湾有事の危機感をあおる形で進行しています。

二〇二二年一一月に実施された日米共同統合演習「キーン・ソード23」では、与那国空港に空輸した軍用車両を積み下ろす訓練がなされました。民間の活用や公共インフラが安保三文書に示されていますが、事前に実施されています。二〇二三年五月、朝鮮民主主義人民共和国の軍事偵察衛星発射を契機として、「破壊措置命令」が出されました。具体的な軍事行動発令です。与那国、石垣、宮古に地対空誘導弾パトリオットＰＡＣ３が配備され、一部撤収し始めたのは二〇二四年二月、一部は今でも配備されたままです。

――朝鮮危機や台湾危機があおられてきましたが、その緊張度も高まる一方です。

髙良――二〇二三年五月三一日早朝、Ｊアラートが鳴り響き、ニュースも「有事」一色になりました。政府とメディアは「戦争気分」かもしれません。しかし、こうして危機をあおりながら、朝鮮の「衛星」発射着水の当日は、沖縄地域には台風二号が接近していたためＰＡＣ３は展開していません。なぜか台風通過後にＰＡＣ３を展開しており、無用の危機対応が実施されていました。衛星発射に乗じて危機対応訓練を強行しているのでしょう。

安保三文書と沖縄

――安保三文書改定は外交防衛のみならず、国家の基本政策を転換させるもので、憲法体制そのものを変質させせました。二〇一五年の安保法制に続いて、憲法を改正しなければできないことを、内閣が勝手に決めてしまう暴挙です。「国家安全保障戦略」を基軸にミサイル防衛網を整備し、遠方から敵を攻撃する「スタンドオフ防衛能力」を活用した「反撃能力」や「敵基地攻撃」への道を開きました。

髙良――安保三文書改定は一見すると日本独自の防衛力の増強です。とはいえ、在日米軍の負担を軽減するものではなく、日米合同の戦略が背景にあります。「国家安全保障戦略」の中で、日本の「反撃能力の行使を含む日米の運用の調整、相互運用の向上」「日米のより高度かつ実践的な共同訓練」など「日米の施設の共同使用の増加等に取り組む」として、至る所で米軍の軍事戦略が大前提とされています。

沖縄についてみれば、琉球弧の島々までミサイル防衛網を張り巡らせ、米軍との協力関係を深化させる、琉球弧の軍事利用の強化となります。同時に海上保安庁の役割も変質を始めています。海保能力の大幅な増強、有事の際の自衛隊との連携強化が謳われています。右に言及した「キーン・ソード23」や、朝鮮の衛星発射に乗じたＰＡＣ３の輸送・展開はこのような防衛指針に沿った演習と言えます。つまり、米軍戦略に基づいて、国際情勢の変化を先取りしながら防衛力強化を進めてきたために、実態に合わせて安保3文書を改定した面があります。

敵基地攻撃という戦争挑発

——既成事実に合わせて文書を改定する。改定文書に合わせて現状をさらに変容させる。その繰り返しですから、もはや国会や国民の監視によってコントロールすることができない。

高良——その典型が反撃能力論や敵基地攻撃論です。いろいろと言葉を変えながら曖昧にしていますが、「専守防衛」だから憲法の範囲内だと説明してきたのに、いつの間にか敵基地を攻撃する能力も保有すると言い出す。国際法に照らしても問題ですが、憲法のどこをどう解釈すれば敵基地攻撃などと言う発想が出て来るのでしょうか。敵基地攻撃の判断時点も判断主体も、憲法上の位置づけはどうなっているのか。憲法上、到底容認できるはずのない議論です。しかも国会で議論することも国民に説明することもない。これほど憲法を軽視する国があるでしょうか。立憲主義も民主主義も信じられないくらい形骸化させられています。

――敵基地攻撃論は、憲法の平和主義に違反するだけでなく、国際法上も「先制攻撃」であり、国連憲章にも抵触するのではないかと指摘されています。

髙良――国連憲章第五一条は「この憲章のいかなる規定も、国際連合加盟国に対して武力攻撃が発生した場合には、安全保障理事会が国際の平和及び安全の維持に必要な措置をとるまでの間、個別的又は集団的自衛の固有の権利を害するものではない。」としています。憲法学においても憲法政治においても国連憲章第五一条の議論がきちんとなされてこなかったのではないでしょうか。

――国連憲章は「集団的自衛権の固有の権利」を前提としている点で限界がありますが、それでも「安全保障理事会が国際の平和及び安全の維持に必要な措置をとるまでの間」として、集団安全保障体制を基本に据えています。ところが集団的自衛権が押し出されてきました。

髙良――米軍の戦略に乗って台湾問題や朝鮮問題の危機をあおりながら、日本独自の「国益」も加えて周辺諸国に対する敵基地攻撃論を唱えています。これ自体が戦争挑発となりかねません。台湾有事や朝鮮問題が沖縄における軍拡や沖縄の戦争危機につながりかねず、危険性を感じます。

辺野古承認「代執行」

――二〇二三年一二月二八日、日本政府は、米軍普天間基地の名護市辺野古への移設計画をめぐって、新たな区域の埋め立てに必要な設計変更を県に代わって承認する「代執行」を行いました。同月二〇日、福岡高裁那覇支部判決が沖縄県に設計変更承認を命じました。玉城デニー沖縄県知事がこれに従わなかったため、国土交通相が代執行に踏み切り、沖縄防衛局に承認書を交付したものです。

高良――これまでもそうでしたが、辺野古問題に関する裁判では、裁判所は中立ではなく政府の側に立っています。今回の「代執行」は、沖縄だけでなく、日本の地方自治に大きな影響を及ぼす事態です。辺野古の埋め立てに関しては、民意の反対が揺らいでいないということだけではなく、建設そのものが非常に困難である、軟弱地盤の改良が未知数なほど困難だということがわかっています。しかし、裁判所も実質的な審理をせず、政府も困難な事実を受け止めて政策を見直そうともしません。

地方自治体の正当な判断が、国家の都合によって代執行で強制される今回の事態は、沖縄が日本の地方自治が崩されてしまった先例となり、他の地域にも影響してしまいかねないと考えています。

玉城沖縄県知事は「国策の名の下に代執行という国家権力によって、選挙で沖縄県民の負託を受けた知事の処分権限を一方的に奪うことは、多くの県民の民意を踏みにじり、憲法で定められた地方自治の本旨をないがしろにするもので、誠に遺憾だ」と批判した上で「沖縄の苦難の歴史に一層の苦難を加える辺野古新基地建設を直ちに断念し、問題解決に向け、沖縄県との真摯な対話を求める」と述べました（朝日新聞二〇二三年一二月二九日）。政府は対話を拒否し続けてきたからです。

埋め立てを即時に止めるべきだと思いますが、埋め立てをするにしても環境への影響などを考えれば、政府と沖縄県との対話は必須です。判決を得て、形式的な手続きさえ整えば、地元の理解や環境保全や軟弱地盤の改良に関する詳細などの実質は問わないという姿勢は、民主主義国家のありようとは言えず異常だと思います。

——政府も裁判所も地方自治の本旨を軽んじ、沖縄の自己決定権も無視しています。

髙良——辺野古新基地建設は、軟弱地盤の問題が大きいために、工事が難航し、基地建設にはかなり時間がかかる上に、完成しても滑走路が沈み込む危険性まで指摘されます。長い間、そんな新基地建設に税金を投入し続け、一方で普天間飛行場では米軍機が飛び続けて危険であり続けるのは、あまりにも合理性を欠きます。

島嶼戦争計画

――二〇二二年一二月に閣議決定された「国家安全保障戦略」「国家防衛戦略」「防衛力整備計画」から成る「安保三文書」(国防三文書)は、国会審議すら経ることなく、戦後の安全保障政策を大きく変更するものでした。その中の日米共同軍事行動を見ると、南西諸島ではすでに事態が先行していたように思います。

髙良――安保三文書は、①スタンド・オフ防衛能力、②統合防空ミサイル防衛能力(ミサイル防衛システム、反撃能力)、③無人アセット防衛能力、④領域横断作戦能力(宇宙・サイバー・電磁波等)⑤指揮統制・情報関連機能、⑥機動展開能力・国民保護(島嶼部における侵害排除等)、⑦持続性・強靭性を掲げて、そのために開発・購入する兵器を整備する計画です。全体として防衛力強化一本やりの軍拡計画と言えますが、①②が「敵基地攻撃論」に直接つながる危険な内容です。もちろんその全体が南西諸島にかかわって来る訳ですが、とりわけ⑥⑦についてはすでに南西諸島島嶼戦争計画がつくられています。

台湾有事の緊迫度が高まった初動段階を「重要影響事態」として、米海兵隊が自衛隊の支援を受けて、南西諸島の自衛隊基地に臨時攻撃用軍事拠点を置くことができます。拠点には米海兵隊のハイマース(ロケット砲システム)を配備し、自衛隊は輸送や弾薬提供、燃料支援などの後方支援を行い、周辺を航行する中国艦艇の排除も担当します。「遠征前方基地作戦」にもとづいて共同作戦計画を展開することになっています。

――米政府が執拗に流してきた、中国が軍事力による統一（台湾侵攻）に出るという宣伝を基に、日米共同で軍事的緊張を煽り、その宣伝に自分自身が煽られた結果、極端な軍拡路線に走っています。予算・装備面でも活動領域（機能）面でも、南西諸島における戦争を待望する論調が強まるばかりです。

髙良――⑥機動展開能力・国民保護（島嶼部における侵害排除等）では、輸送アセットの取得（輸送船舶、輸送機等）、揚陸や輸送のための器材の準備が規定され、二〇二四年度概算要求では輸送ヘリ三〇機の導入が盛り込まれています。

――国民保護も進めることになっていますが、軍事挑発の結果として紛争・軍事衝突が起きた場合、実際には住民保護などできません。南西諸島が戦場化すれば棄民あるのみというのは火を見るより明らかです。

愛国心と住民避難

髙良――安全保障を支える国内基盤の強化に「愛国心」の項目が入っていて、驚きました。

二〇〇六年の教育基本法改正の時に「国と郷土を愛する心を養う」という文言が入りました。教育に愛国心を盛り込むことで、個人の尊厳を重んじる日本国憲法の価値観を変えてしまうことが懸念されました。今回の安保三文書にも愛国心が入っており、ここにつながったのかと思いました。「国民が我が国の安全保障に自発的かつ主体的に参加できる環境」を整備するとも言っています。

——住民に愛国心を強制する一方で、戦場化しても住民を守らない。「自発的」に戦争協力する「少国民」を作り出す。旧日本軍と同じ体質を感じます。

髙良——自衛隊の主たる任務は国土の防衛ですから、住民避難を優先することはありません。だから各自治体に避難計画を作らせてきたのです。宮古島や石垣島では、配備されてきた自衛隊員の子どもたちが小学校から一人、二人と転校していったら、危ない。私たちも避難しなければいけない状態ではないか、という話を聞くことがあります。住民がこのような心配をしなければならない状況で安全を保障しているといえるのでしょうか。

——国際法には軍事目標主義があります。民間人攻撃の禁止も国際人道法の原則です。軍事基地は攻撃目標になるから、軍事基地と住民を切り離さないといけません。

髙良――地元に生きる人たちを守る視点がまったく欠落しています。海に囲まれた島嶼での避難は困難です。与那国では避難計画が町から住民に示されましたが、一日で島外に避難と言われても可能かどうか。武力攻撃が始まればそもそも島外に出られないので島内避難です。地下施設などありません。かつての戦争の時に使った防空壕を使えるのか、といった話まで出ています。宮古や石垣では集落の近隣や畑の目の前に、弾薬庫や訓練基地を新設するなど、人間の尊厳をあまりに犠牲にしています。

――米軍の戦略目的が優先事項で、その下で国土の防衛を図るため、軍民分離など歯牙にもかけない。わざわざ軍民接近を作り出して、住民を犠牲にするのが前提になっています。だから有事においても容易に作戦能力を喪失しないよう「主要司令部等の地下化や構造強化」を進める。住民は置き去りにして、自衛隊は地下に逃げる。

髙良――島嶼戦争の準備が事実上進行してきたのです。自衛隊に対する批判がなかなか難しい日本の空気感の中で、沖縄でも反対運動は十分広がりませんでした。「オール沖縄」も、辺野古新基地建設には明確に反対しますが、自衛隊に対しては十分な態度が取れずにきました。沖縄島の弾薬庫の増設や司令部の地下化など具体的な話が出てきて、ようやく沖縄島でも危機感が高まっています。防衛力の増強は周辺国との緊張を高め、攻撃対象になる危険性があります。それ以前に沖縄が、日本が出撃基地になることも懸念されます。中国のような大国を仮想敵国としているため、際限のない軍拡競争になります。それで良いのか、国民の間での議論はなされていません。憲法の平和主義に反する懸念も大きいのですが、それ以前に無軌道な軍拡はこの国の政治や経済を疲弊させるだけではないでしょうか。

三　加速する沖縄差別

――辺野古基地建設の代執行裁判は先に見た通り、沖縄差別を一層強めるものです。米軍基地押し付けは相変わらずですが、沖縄差別を加速させるための予算編成が堂々と行われています。二〇〇七年度からの米軍再編関係経費は、文字通り沖縄差別を目的とした国家予算編成というべきです。

高良――辺野古新基地建設の工費や、自衛隊の建設や拡大、ミサイル部隊の配備等の強化は、軍事負担をさらに加速させるものです。辺野古への予算投入は、どれほど膨らむか未知数です。無駄な予算の投入、軍事への過度の予算投入に対して日本全体の関心が向いてほしいと思います。

――米軍専用施設と自衛隊施設を合計した総面積が最近増加したという話にも驚かされました。長年にわたって、全国の面積が一％に満たない沖縄に七〇％を超える米軍基地が集中する差別状況が問題とされてきたのに、「負担軽減」どころか負担加重になっています。

髙良――沖縄県知事公室基地対策課の『沖縄の米軍及び自衛隊基地（統計資料集）』によると、米軍専用施設の負担軽減が進んでいないのに、自衛隊施設の拡張がどんどん進んでいるため、軍事・防衛施設の総面積が二〇一九年以後三年連続で増加しました（琉球新報二三年四月一二日）。負担軽減は本土の人々に対するアピールにすぎず、実際には米軍と自衛隊との軍事的協働の中で、自衛隊の活動も活発化し、負担は増す一方です。

沖縄の平和的生存権

――自衛、防衛、安全保障と言う名目の軍事増強路線に歯止めがかかりません。そのため最大の犠牲にされてきたのが沖縄です。憲法問題を改めて正面から論じる必要があります。

髙良――沖縄の人にも一応、憲法は適用されており、沖縄の人にも尊厳があって、平和的生存権があります。沖縄に生きる人間の平時の基地と隣り合わせの生活、有事の際の戦場にされるかもしれない恐怖をリアルに想像し、共感する人が増えてほしい。当事者意識を持ってもらいたいと思います。戦時に影響を受けるのは沖縄だけとは限りません。自衛隊基地、米軍基地、攻撃対象になったら最悪の事態となる原発も全国に広がっています。安全保障と言いながら軍備が増強され、軍事的緊張が高められています。増税による市民生活の負担も強まる一方です。

沖縄における軍事基地問題が、いまだに「沖縄問題」として報道されることは問題です。基地問題は日本全体の問題だという視点で捉えるべきです。多くの人たちが当事者として議論する必要があります。これほどの安保大転換の時に、憲法論が十分になされない国家というのはどういうことなのでしょうか。

日本国憲法に立ち返り、現在の日本の軍事戦略は、憲法第九条からだけではなく、民主主義や個々の人権を十分に考慮しているのか、人間の尊厳を軽んじていないか、根本的な問いが必要だと思います。

〈お薦めの著書3冊〉

① 命どぅ宝!琉球の自己決定権の会編『琉球の自己決定権の行使を——再び沖縄を戦場にしないために』（琉球館、二〇二二年）

② 新垣毅『沖縄の自己決定権』（高文研、二〇一五年）

③ 富坂キリスト教センター編『沖縄にみる性暴力と軍事主義』（御茶ノ水書房、二〇一七年）

第五章　沖縄の基地問題と地方自治

飯島滋明

一　憲法の基本原理と「地方自治」

――明治憲法には「地方自治」に関する規定がなかったのに、日本国憲法には「地方自治」に関する規定があります。地方自治に関する規定が設けられた意義は何でしょうか。

飯島――大日本帝国憲法では「天皇」が主権者とされ、個人は大日本帝国憲法の用語でいえば「臣民」にすぎませんでした。「臣民」には権利・自由が認められるという発想もありませんでした。「戦争」を禁止する規定もなく、天皇の名においての「戦争」のためには命を投げ出すことが当然という社会でした。

一九四五年八月一四日、日本はポツダム宣言を受諾することで「敗戦」を迎えます。ポツダム宣言を受けて成立した日本国憲法では、敗戦までの日本のあり方は徹底的に否定されました。人の命が軽視された敗戦までの日本のあり方が否定され、「個人の尊厳」が最も重要な価値とされました（憲法一三条）。「基本的人権の尊重」も基本原理とされました。「基本的人権」を保障するための前提としては「平和」が必須との考えに基づき、徹底した平和主義が採用されました（憲法前文、九条等）。個人の権利・自由を保障するため、国のあり方を決めるのは「国家構成員としての国民」という考え方から「国民主権」も基本原理とされました（憲法前文、一条）。「基本的人権の尊重」「平和主義」「国民主権」という、憲法の基本原理を実現するためには「地方自治」が必須であるため、日本国憲法では第八章で「地方自治」が保障されました。

人権尊重と地方自治

――憲法の基本原理を実現するためには「地方自治」が重要なのですね。なぜなのか、具体的な例を挙げて説明願います。

飯島――まず「基本的人権の尊重」の視点から「地方自治」の重要性を紹介します。たとえば大規模な自然災害に行政が迅速に対応できなければ、多くの人々が犠牲になったり被害を受ける危険性があります。自然災害に適切かつ迅速に対応するには、地域の実情を適時把握できない国よりも、地域の実業に精通した自治体に対応を委ねるほうが適切です。たとえば二〇一八年六月、大阪府北部地震の記者会見で菅官房長官〔当時〕は枚方市（ひらかたし）を「まいかたし」と読みました。地名すら把握できない政府に被災地の要望に応じた対応をとることはできず、緊急対応を委ねるのは適切ではありません。自然災害に際して地域住民の要望に適う政治のためには「地方自治」が必須です。

――「国民主権」「民主主義」と「地方自治」の関係はどうでしょうか。

飯島――イギリスの政治家であり政治学者であるジェームズ・ブライスは『近代民主政治』（松山武訳、岩波書店）で、「地方自治は民主政治の最良の学校、その成功の最良の保証人」と述べています。たとえば池袋駅付近の道路を交通渋滞緩和のために拡大するか、あるいは騒音・公害等の環境のことを考えて現在の規模のままにするかという問題は、地域住民にも判断がつくと思われます。議論を交わすことができます。身近な行政について意見を交わし、自己の見解を確立させることで、地方の政治だけでなく、国政レベルでの政治参加も可能な「市民」育成につながるというのがブライスの主張です。こうした観点から、「地方自治は民主主義の学校」と言われます。近年、日本のさまざまな地域で住民投票が行われています。こうした住民投票も「民主主義の学校」を実現するものになります。

平和主義と地方自治

――平和主義と地方自治の関係はどうでしょうか。

飯島――憲法の基本原理の一つである「平和主義」を実現するためにも「地方自治」は重要です。たとえばアジア・太平洋戦争時、国が港湾管理権を独占していました。このことが国の戦争遂行を容易にしました。港湾管理権を国家が独占していたことが国家による戦争遂行を容易にし、その結果、さまざまな港から軍艦出撃しました。現在の「港湾法」では、港湾管理権者は自治体等になっています。港湾管理権者が自治体となっている場合、国が戦争を開始・継続しようとしても、港湾管理権者が軍艦の寄港や出港を認めなければ、戦争遂行への大きな障害となります。港湾管理権と「平和主義」との関係を最も端的に示すのが、一九七五年以降神戸市が採用している「非核神戸方式」です。一九五四年一月、米軍は空母「オリスカニ」を神戸港に入港させました。そして「オリスカニ」には核が搭載されていました。朝鮮戦争後でさえも、アメリカは神戸で平壌に対する核攻撃の訓練をしていました。「日本は非核三原則」を「国是」としているというのが表向きの看板です。しかし、「非核二・五原則」などと揶揄されているように、歴代自民党政権は核兵器の持ち込みについて米国と密約を結んでいました。さらに米国は、米国軍隊の基地・艦船・車両・航空機を含め、一般的な、あるいは特定の場所における核兵器の有無について、これを肯定も否定もしない政策をとっています。実際に日本に入港した米艦船は日本に核兵器を持ち込んでいる可能性がありますす。ところが神戸市は非核証明を出さない外国軍艦の入港を認めていません。非核神戸方式以降、米軍は神戸港に入港していません。こうして神戸市は市民の安全を守っています。

――神戸市以外の実例はありますか

飯島――一九九七年に「日米ガイドライン」が改定され、それに基づいて一九九九年、「周辺事態法」を中心とする「ガイドライン関連法」を自公政権が成立させました。「戦争国家」への進展を阻止するため、石垣市は「石垣市平和港湾宣言」（一九九九年）を採択しました。この宣言では、「平和で豊かな自然文化都市を目指す石垣市は、今後とも石垣港が、貿易・物流の発展に寄与し、平和と繁栄をもたらす利用の促進が図られるよう宣言する」とされています。国が戦争する国づくりを進める中、憲法の平和主義の意義を踏まえ、「戦争遂行国家化」に歯止めをつける役割を果たします。

さらに岸田文雄自公政権は二〇二四年四月一日、五つの空港と十一の港湾を「特定利用空港・港湾」に指定しました。軍事目的もかねて空港や港湾を整備するということであれば、有事の際には最初に攻撃対象になります。歴史的にもアジア・太平洋戦争で日本軍がオーストラリアのダーウィンを空襲した際、最初に攻撃対象としたのは港湾と空港でした。ロシアのウクライナ侵攻の際も、港湾や空港は攻撃対象になっています。石垣市の中山義孝市長のように、「軍事力増強」を信奉する首長は「石垣港」を特定利用港湾に指定することに賛成しましたが、玉城デニー知事は賛成していません。「特定利用空港・港湾」の指定の場面でも、自治体の首長の対応は重要になります。

二　沖縄と地方自治

――憲法原理の内容と「地方自治」の意義を紹介してもらいました。次に「沖縄」と「地方自治」

の重要性の紹介をお願いします。

飯島――沖縄の現実を踏まえると、「地方自治」の重要性はいたるところに現れます。まずは最近の相次ぐ米兵性犯罪の事例を挙げます。沖縄では相次ぐ米兵性犯罪が大きな問題になっています。二〇二四年八月二日、六六人の憲法研究者は「相次ぐ米兵性犯罪に関する憲法研究者抗議声明」を出し、「性犯罪は個人の性的自己決定権や尊厳（憲法一三条）を根底から破壊する、卑劣極まりない犯罪」と批判しました。ほんらい、国は市民を守る役割があります（憲法前文等）。性犯罪は個人の尊厳や性的自己決定権を蹂躙する犯罪であり、再びこうした卑劣極まりない犯罪などが起きないための政治と外交が必須です。ただ、歴代自公政権は米兵犯罪をなくす政治をしてきませんでした。二〇一三年五月一四日参院予算委員会で安倍晋三首相（当時）は、「他国との地位協定との比較においても、日米地位協定が接受国側にとり特に不利なものとなっているとは考えておりません」と答弁しています。岸田自公政権も日米軍事協力を深化させる外交は積極的な一方、相次ぐ性犯罪を米国に強く抗議したり、不平等な「日米地位協定」改定にむけた外交等、再犯防止のための外交はほとんどしていません。それどころか岸田自公政権は米兵性犯罪の事実を「隠ぺい」すらしました。事件が隠ぺいされたのでは「再発防止」のための対応をとることができません。事件が発覚した際、玉城デニー知事は「米兵性犯罪」を隠ぺいした岸田自公政権を強く批判し、事件を沖縄県に通報するように強く申入れました。

――米兵による性犯罪等の防止も求めて玉城デニー知事は訪米していますが、こうした訪米は憲法的にどう評価されるのでしょうか。

飯島――憲法では「基本的人権の尊重」が基本原理とされています。そして「憲法尊重擁護義務」が首相や大臣、国会議員や天皇などに課されています（九九条）。本来、国は沖縄県民を守るための積極的外交をすることが憲法的に求められています。しかし今まで紹介したように、岸田自公政権は相次ぐ性犯罪を米国に強く抗議したり、極めて不平等な「日米地位協定」改定にむけた外交等、再犯防止のための外交は全くと言っていいほどしていません。これでは米兵による性犯罪を阻止できません。性犯罪は「個人の尊厳と性的自己決定権」を蹂躙する犯罪であること、「基本的人権の尊重」が基本原理とされ、憲法尊重擁護義務を負う自治体の首長にも米兵による性犯罪の再発を防ぐための行為が求められていることから、知事の行為は「基本的人権を守る」という、憲法で課せられた役割を実行しています。

――自公政権は「外交と防衛は国の専管事項」などと発言していますが、知事がアメリカで外交をすることは憲法的に問題ないのでしょうか。

飯島――「外交と防衛は国の専管事項」というのは、憲法的に正しい主張ではありません。憲法七三条二号の内閣の事務規定に「外交関係を処理すること」と明記されていること等を根拠として、「外交と防衛は国の専管事項」などの発言をしてきました。ただ、「婚姻は、両性の合意のみに基いて成立し」（憲法二四条一項）、「国の唯一の立法機関」（憲法四一条）のように、七三条二号に「のみ」「唯一」等の用語はありません。政府が犯罪防止にむけた外交をしない場合に「外交と防衛が国の専管事項」との立場を貫けば、沖縄県民の人権は守られません。日本国憲法では「基本的人権の尊重」が基本原理とされ、自治体の首長にも「憲法尊重擁護義務」（憲法九九条）が課せられている以上、県民を守るための積極的外交を自治体が展開することは憲法的に要請されます。人びとの生命や安全を守る役割を自公政権が果たさない場合、自治体外交は一層重要になります。

――「地方自治」の重要性を示す事実はほかにもあるようです。

飯島――周知のように、沖縄では辺野古に新基地建設が強行されています。米軍は嘉手納基地で何度もパラシュート降下訓練等を繰り返しています。発がん性など健康への影響が懸念される有機フッ素化合物「ＰＦＡＳ（ピーファス）」が米軍基地周辺で検出され、沖縄でも普天間基地や嘉手納基地周辺で検出されています。深夜でもオスプレイの騒音もあるなど、「戦争や軍隊により生命や身体、健康を奪われたり脅かされない権利」である「平和的生存権」（憲法前文等）を奪い、脅かします。沖縄にいる米軍の実態をアメリカ政府の関係者に伝え、アメリカ側に改善を求める玉城デニー知事の外交も、「基本的人権の尊重」を実践する行為として評価できます。

沖縄の「地域外交」

――米軍による事件・事故に対して自公政権は「基本的人権の尊重」「平和主義」を踏まえた対応をしませんが、沖縄県は人々のいのちや暮らしを守るという観点から平和外交を展開してきました。

飯島――「地方自治」と「平和主義」の話に戻りますが、「地域外交」の重要性は、沖縄で人々のいのちや暮らしを奪い、脅かすアメリカ軍に対してだけでなく、アジアとの関係でも具体的に表れています。日本国憲法では「戦争」や「武力紛争」を絶対に回避するという観点から「国際協調主義」が採用されています。たとえば憲法前文では「日本国民は、恒久の平和を念願し、人間相互の関係を支配する崇高な理念を深く自覚するのであつて、平和を愛する諸国民の公正と信義に信頼して、われらの安全と生存を保存しようと決意した」と謳われています。

ところが安倍・菅・岸田自公政権は外交的手段でなく、「中国」を敵視した外交・軍事訓練を展開してきました。二〇一五年には安倍自公政権は、世界中での武力行使を可能にする「安保法制」を成立させました。二〇二二年にも岸田自公政権は、日本が攻撃されてもいないのに先に外国を攻撃する兵器の保有などを可能にする「安保三文書」を閣議決定しました。「安保三文書」では南西諸島が「戦場」になることすら想定されています。

ただ、「沖縄戦」を体験した沖縄の人々は、戦争の悲惨さを身に染みて知っています。私は二〇二三年九月から二〇二四年八月までの沖縄大学での内地留学の際、「沖縄戦」を体験された人たちの話を聞いてきました。一〇・一〇空襲を体験された人たち、宮古島で住民の食糧を奪う軍人を見た市民、住民にマラリアの生息地に移動することを命じた日本軍、久米島では日本兵が住民を虐殺すらしました。宮古島には少なくとも一八カ所の慰安所、沖縄全体では一三〇カ所も慰安所があります。「ありったけの地獄を集めた」とアメリカの公文書にも記されている「沖縄戦」を実際に体験された人たち、実際に戦争になれば「沖縄戦」が再現される危険性を危惧する県民の声を受けて、玉城デニー知事はアメリカだけでなく、アジアにも戦争を回避するための外交を展開してきました。

――沖縄県は地域外交を積極的に進めています。

飯島――たとえば二〇二三年四月、沖縄県は地域外交室を発足させました。六月には照屋義実副知事が韓国・済州島を訪問しました。さらに七月には玉城デニー知事が中国・北京および福建省を訪問しました。中国の人民日報系の『環球時報』が二〇二三年七月三日、玉城デニー知事の発言を紹介しています。『琉球新報』の記事によれば、玉城デニー知事は「日米両国の政府は（中国との平和外交を通じて緊張を緩和させるべきだ」と発言しています。南西諸島などでの自衛隊配備・強化については「必要最小限の自衛力を保持する必要があることは沖縄県も理解している」としつつも、「軍事力増強で抑止力を強めようとするやり方は地域の緊張を激化させ、予測不可能な事態を引き起こしかねない」と批判します。そして「米軍基地が集中しているとの理由で、沖縄が容易に攻撃対象となることはあってはならない」、「沖縄を戦場にすることは許されない」と述べ、「外交や対話で信頼関係を築く必要性を訴えた」（『琉球新報』二〇二三年七月四日付電子版）と紹介されています。

戦争の悲惨さも沖縄の実態も無視する右翼政治家やジャーナリストなどは簡単に「台湾有事は日本の有事」などと言って自衛隊増強、「安保法制」を根拠とする武力行使を口にします。そして自衛隊基地新設・増強の現場が沖縄になっていますが、実際に台湾での武力紛争が生じれば、沖縄が戦場になる危険性が高まります。沖縄県は、沖縄の人々を守るための友好を築く外交を中国にも展開しています。沖縄県の「信頼醸成外交」は第二次世界大戦後のドイツやフランスの外交、紛争が絶えなかったＡＳＥＡＮ諸国の外交と同様、平和創造を目指す外交です。

――私は二〇一〇～一五年頃、スイスのカントン（州）であるジュネーヴ州の憲法改正作業に協力したことがあります。州憲法に近隣諸国との外交問題が書いてありました。環境保護のための政策を確立するためには国境を接する外国や自治体との交渉や協力が不可欠です。ジュネーヴ州はフランスやイタリアと隣接しているので、州憲法に外交規定を設けています。「現場」を踏まえない政治や外交は地域の人々の平和や暮らしを守れません。

無謀な住民避難計画

飯島――地域の実態を踏まえないという点では、有事の際に先島五市町村の住民を避難させるという避難計画も「机上の空論」です。私はこの計画をある論文で「現代のインパール作戦」と批判しました。たとえば「武力攻撃予測事態」の際、与那国島、石垣島、宮古島、竹富町、多良間村に住んでいる、約一二万人の人々を島外に避難させることができると本当に思っているのでしょうか。

武力攻撃予測事態の際、たとえばJALやANAが飛行機を飛ばして先島に来ると思っているのでしょうか。自衛隊も一二万人の人々を輸送する手段を持っていません。輸送手段もないのに一二万人もの人々を逃がすことを想定することじたい、「現代のインパール作戦」というべき愚策です。福好昌治氏は「離島からの住民避難は不可能」と批判しています（『軍事研究』二〇二二年七月号）。

さらに障がいのある人や重病の患者をどのように避難させるのでしょうか。この検討も不十分です。

なにより先島からの住民避難が現場を踏まえない「机上の空論」と感じるのは、先島の人々の多くが「農業」に従事している実態を全く理解していないことです。サトウキビ農業に従事している農民、牛や馬などを飼っている島民が何週間も島を空けて避難させると考えることじたいが現場の実態を踏まえていません。

いつまで島民を「避難」させるつもりなのでしょうか。政府は二週間とか一ヶ月という想定をしていますが、島外に住民を逃がさなければならないほどの武力紛争になった際、「二週間」で紛争がおさまるのでしょうか。日中戦争当時、陸軍大臣であった杉山元氏は、日中戦争は「一ヶ月」で終わると言い、一九四一年九月五日に参謀総長であった杉山氏はアメリカとの戦争も「南洋方面は三ヶ月で終わる」旨の発言をしています。自公政権や防衛省の官僚たちが無責任で非現実的な計画を進める点も、歴史に学ぶ姿勢がありません。

――「受入先」となる九州各地も受入態勢が整っているのでしょうか。

飯島――「受け入れる県」の側から見ても、先島五市町村の避難計画は無謀な「机上の空論」です。実際、岸田自公政権は以下の想定をしています。

【避難先（経由空港）】	【避難先】
石垣市（福岡）	山口県・福岡県・大分県
武富町（福岡）	長崎県

与那国町（福岡）　　佐賀県
宮古島市（鹿児島）　福岡県・熊本県・宮崎県・鹿児島県
多良間村（鹿児島）　熊本県

私は受入先と想定されている県の関係者に、実際に受入が可能かを聞きました。政府は「一ヶ月」の受け入れを想定していますが、多くの避難者を一ヶ月も受け入れられる体制がないという回答を頂いています。仮に避難先での生活が数年にも及ぶようになれば、島民たちの生活や職業がどうなるのか。武力行使を想定することじたいが「沖縄の人々を守る」という視点からは非現実的です。

三　「市民」育成の重要性

――沖縄の人々のいのちや暮らし、平和を守るという点からも「地方自治」が重要です。

飯島――フランス大革命期の思想的支柱となり、「国民主権の父」と言われるJ・J・ルソーは、「人」(Homme）の権利が守られるためには「市民」（Citoyen）として適切な役割を果たすことが重要だと述べています。「地方自治」を充実させるためにも同じことが言えます。まず重要なことは、「基本的人権の尊重」「平和主義」「国民主権」「民主主義」を守る意思を持つ「首長」を選挙で適切に選ぶことです。そしてそうした「首長」を選ぶ「市民」育成が重要です。「与那国島」や「石垣島」で極めて残念ながら自衛隊配備・強化が進められています。これらの島々の軍事化が進められている一因、それは首長が自衛隊配備・強化に前のめりだからです。一〇年前、与那国島には自衛隊はいませんでした。

ところが二〇一六年、与那国島に沿岸監視部隊が配備されました。二〇二四年には電子戦部隊が配備されています。さらにミサイル部隊が配備されようとしており、新軍港建設の動きもあります。ドクターコトーの島、自然と魅力にあふれる与那国島は「軍事の島」に変えられようとしていますが、それは糸数健一町長が島の軍事化を進めているからです。与那国島の軍事基地化を進めるに際し、糸数健一町長は町民に十分な説明すらしていません。二〇一八年、自衛隊配備の是非ついて、石垣島では自治基本条例に基づく住民投票を求める署名が有権者の三分の一以上、一四二六三筆も集まりました。ところが石垣市議会は住民投票の実施を否決、市長も議会での否決を理由に住民投票を実施しませんでした。与那国島や石垣島でも自衛隊配備・強化という、憲法の「平和主義」を掘り崩す政治は憲法の「国民主権」「民主主義」を踏みにじる形で進められています。

一方、岩国市長であった井原勝之氏のような状況になるのであからさまに自公政権や防衛省に敵対しませんが、「戦争する国づくり」をすすめる自公政権に抵抗する首長もいます。こうした首長の下では、政府や防衛省も思うように基地建設や軍事訓練をすすめられません。たとえば沖縄の玉城デニー知事の下では、岸田自公政権が進めようとしてきた「特定利用空港・港湾」の指定も思うようには進んでいません。「平和主義」「国民主権」「民主主義」を実現するためには「地方自治」が必須です。そして「地方自治」を実現させるためには、それにふさわしい「首長」や「議員」を選ぶことが必須です。さらに政治に関心と知識を持つ「市民」の育成が重要です。

――日本国憲法制定から八〇年を迎えようとしていますが、政府は「市民」の自治や自立に後ろ向きでした。「市民」の育成がますます重要になっています。

飯島――「市民」が重要な役割を果たすのは「首長」や「議員」の選出の場面だけではありません。「運動」の場面でも重要な役割を果たします。

たとえば宮古島の保良（ぼら）には駐屯地が作られています。保良駐屯地の門前には下地博盛・薫夫妻を中心とする市民が抗議活動を続けています。下地夫妻を中心とする抗議活動は、自衛隊が地域住民の暮らしを脅かす訓練を阻止しています。自衛隊は保良集落を通って移動しようとすることがありますが、その際に下地夫妻は地域住民の安全を守るために抗議します。そうした抗議を受け、自衛隊の部隊が保良を通過するのを断念したこともあります。「基地が作られたから抗議活動は無駄」というわけではありません。自衛隊基地が作られたとしても、自衛隊が何をしているのかという「監視」、地域住民の平和と安全を守るための抗議活動を受け、自衛隊が対応を変えることがあります。「外交や防衛」には口を出せないと考えている住民もいますが、「国のために地域は犠牲になれ」という価値観は日本国憲法では放棄されています。

地域の安全を守るために、市民には「不断の努力」（憲法一二条）が求められます。ドイツの法学者ルドルフ・フォン・イェーリングは『権利のための闘争』（岩波文庫）で、「権利＝法は、不断の行動である」と指摘しています。憲法一二条も「この憲法が保障する自由および権利は、国民の不断の努力によつて、これを保持しなければならない」と指摘しています。自衛隊や米軍への抗議活動は「不断の行動」「不断の努力」の表れであり、「市民活動」も平和や暮らしを守るためにも重要です。

――各地で闘っている市民を分断、孤立させないために、連帯のネットワークを一層強化する必要があります。「国民主権」「民主主義」「地方自治」の原点に常に立ち返る「平和主義」の構想力を大切にしたいものです。

※本章のインタビューは、二〇二三年度名古屋学院大学長期研修の助成を受けた内容です。

〈お薦めの著書3冊〉
① 兼子仁『新地方自治法』（岩波書店、一九九九年）
② 杉原泰雄『地方自治の憲法論〔補訂版〕』（勁草書房、二〇〇八年）
③ 小林武『地方自治の憲法学』（晃洋書房、二〇〇一年）

第三部　自由と人権のリアル

第六章　基本的人権を基本から考える

前田　朗

一　憲法第三章の権利論

――日本国憲法第三章は「国民の権利及び義務」と題しています。権利規定が多いことで知られます。

前田――一九四六年当時の憲法の中では、権利規定がかなり多かったと言えます。現在では多いとは言えません。逆に重要な権利規定がありません。憲法第三章は、冒頭の第一〇条（国民の要件）に始まり、第一一条（永久の権利としての基本的人権）、第一二条（濫用の禁止と責任）、第一三条（個人の尊重）、第一四条（法の下の平等と差別の禁止）、第一五条（公務員選定罷免権）、第一六条（請願権）、第一七条（国家賠償請求権）、第一八条（奴隷の禁止）、第一九条（思想良心の自由）、第二〇条（信教の自由）、第二一条（表現の自由）、第二二条（居住・移転・職業選択の自由）、第二三条（学問の自由）、第二四条（婚姻の成立、夫婦の同等の権利）、第二五条（生存権）、第二六条（教育権、教育を受けさせる義務）、第二七条（勤労の権利・義務）、第二八条（団結権・団体交渉権）、第二九条（財産権）、第三〇条（納税の義務）、第三一条（法の適正手続き）、第三二条（裁判を受ける権利）、第三三条（逮捕・令状主義）、第三四条（弁護人依頼権）、第三五条（捜索押収と令状主義）、第三六条（拷問の禁止）、第三七条（公平・迅速・公開裁判）、第三八条（不利益供述強要禁止）、第三九条（一事不再理）、第四〇条（刑事補償請求権）と続きます。詳細な権利カタログです。

――権利と義務の特徴はどうなっていますか。

前田――日本国憲法の権利と義務の特徴はおおむね次のようにまとめられてきました。第一に、制定当時の各国の憲法と比較すると人権規定が豊富であるとされました。現在ではもっと多くの人権規定を備える憲法は珍しくありませんが、制定当時の日本国憲法は人権保障に特徴があったと言えます。第二に、顕著なのは「人身の自由」と呼ばれる諸規定です。裁判を受ける権利や弁護人依頼権など刑事司法に関連する条項が目立ちます。第三に、「国民の権利と義務」とありますが、大半が権利規定です。義務は①教育の義務、②勤労の義務、③納税の義務であり、これを国民の三大義務と呼ぶ例もあります。教育の義務とは「その保護する子女に普通教育を受けさせる義務」です。

――まもなく八〇年を迎えますから、判例がかなりの蓄積を見ています。

前田――憲法学研究も実に豊かです。憲法史、判例研究はもとより、外国法研究も含めて研究の蓄積は眼を見張るものがあります。

人権規定の限界

――日本国憲法の人権規定は優れた内容を持つとはいえ、要注意の点もあるようですね。

前田――何よりも不思議なのは「国民の基本的人権」が謳われていることです。基本的人権は誰もが持つはずの権利です。日本国憲法は「国民」概念が柱となっているため、国民の基本的人権が語られます。もともとGHQ憲法案のpeopleを「国民」と翻訳したため、前文でも各条文でも主語が国民になっています。このため「外国人にも人権はあるか」という逆立ちした議論がなされます。もちろん、外国人の人権をむやみに否定するわけではありません。憲法学は「性質説」と言って、その権利の性質上、国民だけが有するべき権利は別として、誰もが一律に持つべき権利は外国人にも保障されるべきだとしてきました。

――近代憲法はもともと国民国家を形成するための憲法ですから、西欧諸国でも国民主体となっていたのではありませんか。

前田――国民主権か人民主権かという問いは当初からありましたが、国民国家の現実に制約されたのはやむを得ないかもしれません。

――国民概念を用いても外国人の人権をしっかり保障する議論が不可欠です。

前田――その点で、憲法の体系的理解の問題があります。憲法第一四条は法の下の平等と差別の禁止を定めますが、憲法第一章は「天皇」です。象徴天皇制という身分制度が憲法の冒頭に掲げられていますから、法の下の平等には限界があります。象徴の地位は「日本国民の総意」に基づくとされていますから、国民概念が排外主義的機能を持つのは自然なことです。また、憲法上の権利の主体を「国民」としているため、公務員（第一五条）、夫婦・家族（第二四条）、児童（第二七条二項）、勤労者（第二八条）のように明示されている場合以外に、特定の集団の権利を想定していません。第一四条は法の下の平等を定め、「人種、信条、性別、社会的身分又は門地により、政治的、経済的又は社会的関係において、差別されない」としていますが、その主体はやはり「国民」となっています。

――「国民」は集団ではないのですか。個人を指すのですか。

前田――憲法上の権利の主体は「個人」であると理解されてきました。西欧近代の市民法は個人を権利主体としていることや、日本国憲法は個人主義の憲法であることが強調されます。後に触れますが、二〇一六年に国連総会で採択された国連平和への権利宣言は、草案段階では「個人の権利であると同時に集団の権利である」としていました。日本政府は平和への権利宣言に反対しましたが、その理由の一つが「権利は個人のものである」というものでした。しかし、一九六六年の二つの国際人権規約の共通第一条は「人民の自決権」を認めています。憲法上の権利規定は人種等の異なる集団の権利規定と理解されずに来ました。それゆえ先住民族の権利やマイノリティの権利も、憲法上の権利と認められません。憲法には先住民族やマイノリティという概念がないからです。憲法上の人権論と国際人権法の間には途方もなく大きな隔たりが生じる結果となりました。一九四六年当時、マイノリティ概念は国際法でもまだ議論の途上でした。一九四八年の世界人権宣言起草過程でマイノリティ概念を盛り込むための議論がなされましたが、最終的に削除されました。マイノリティ概念が大きな役割を果たすようになったのは一九六六年の国際自由権規約以後のことです。

――憲法に明記されていない権利を認めるのは難しいのですか。

前田――憲法第一三条の規定は一般的な性格を有するため、これを解釈することで「新しい権利論」が展開されました。憲法第一三条は「すべて国民は、個人として尊重される。生命、自由及び幸福追求に対する国民の権利については、公共の福祉に反しない限り、立法その他の国政の上で、最大の尊重を必要とする」としています。①個人の尊重、②生命権、③自由権、④幸福追求権について

「最大の尊重を必要とする」のですから、ここに何が含まれるかは重要です。最高裁判所も憲法学も、例えば人格権や環境権を第一三条に読み込む努力を重ねてきました。憲法全体の精神に反しない限り、「新しい権利」が認められる可能性が開かれています。憲法学は新しい権利を発展させてきました。

とはいえ、問題は新しい権利ではありません。「古い人権」すら認められていないことが憲法解釈の限界なのです。基本的人権とは何かが十分理解されていないので、「基本の基」から考える必要があります。①平和的生存権、②人として認められる権利、③差別されない権利、④将来の世代の人権について、見ていきましょう。

二　平和的生存権

――平和的生存権は良く知られています。日本の人権論の基本になっているのでは。

前田――憲法前文第二段落は、「日本国民は、恒久の平和を念願し、人間相互の関係を支配する崇高な理想を深く自覚するのであつて、平和を愛する諸国民の公正と信義に信頼して、われらの安全と生存を保持しようと決意した。われらは、平和を維持し、専制と隷従、圧迫と偏狭を地上から永遠に除去しようと努めてゐる国際社会において、名誉ある地位を占めたいと思ふ。われらは、全世界の国民が、ひとしく恐怖と欠乏から免かれ、平和のうちに生存する権利を有することを確認する」としています。

しかし、日本政府は平和的生存権を積極的に認めません。裁判規範として認めないのです。最高裁判所はこれについて判断を下していません。下級審では三つの判決が平和的生存権を認めました。①一九七三年九月七日の長沼訴訟一審・札幌地裁判決、②二〇〇八年四月一七日のイラク自衛隊違憲訴訟二審・名古屋高裁判決、③二〇〇九年二月二五日の同訴訟一審・岡山地裁判決です。

――三つも判決が出たのですか。

前田――平和的生存権を掲げた訴訟はたくさんありました。圧倒的多数の判決は平和的生存権を認めませんでしたが、三つの判決だけが認めたのです。憲法学はおおむね平和的生存権を支持していると思います。判例評釈を見ても、多くの憲法学者が肯定的に論評しています。ただ、平和的生存権を基本的人権論として位置づける試みは不十分です。第一に、基本的人権の体系論がまとまっていないため、論者それぞれの理解が語られることになります。共通理解ができていません。第二に、比較法研究が皆無です。

――世界で唯一の規定ですから、比較法研究がないのは当然ではありませんか。

前田――違います。外国法としてはブルンジ憲法があります。二〇〇五年のブルンジ憲法第一二条に平和的生存権が明記されています。日本国憲法は前文ですが、ブルンジ憲法は条文の中に明記されています。日本国憲法は「全世界の国民」の平和的生存権ですが、ブルンジ憲法ではブルンジ国民の平和的生存権です。また、ケニア憲法、コートジボアール憲法などには「平和への権利」規定があります。平和主義についても、憲法学は比較法研究が十分ではありません。スイス、オーストリア、コスタリカ等の研究に限られます。非武装憲法は、リヒテンシュタイン、コスタリカ、キリバス、パナマにもあります。私は長年、この点を強調してきましたが、憲法学ではリヒテンシュタイン憲法が無視されます。

――聞いたことがありませんね。

前田――一九二一年のリヒテンシュタイン憲法に世界初の非武装条項があります。「憲法第九条が初めてだ」という主張に差し支えるため、みなさん、リヒテンシュタインを無視して、一九四六年の日本と一九四九年のコスタリカを語ります。さらに、憲法には規定がなくても、実際に軍隊を持たない国はたくさんあります（前田朗『軍隊のない国家』）。

——平和的生存権や非武装平和主義の比較法研究はこれからですね。その点では、戦乱の地であるアフガニスタンやパレスチナの現実を前に平和に生きる権利を論じた重要著作があります（猫塚義夫・清末愛砂『平和に生きる権利は国境を超える』）。

前田——二〇一六年一二月、国連総会は「平和への権利宣言」を一二〇票を超える賛成多数で採択しました。採択に当たって、日本政府は反対投票しました。反対はアメリカ、欧州諸国、日本、韓国などです。国際社会で平和への権利に賛成しているのは誰か。反対しているのは誰か。一目でわかります。

——二〇一六年に国連宣言ができたのはなぜでしょう。

前田——平和への権利宣言を求める運動は、二〇〇三年のイラク戦争本格化を受けて、スペイン国際人権法協会というNGOが提唱しました。世界中で数百万人の反戦平和デモが波状的に起きたのに、戦争を止められなかったため、平和への権利を国際法にしようという運動です。私たち日本の人権NGOもこれに加わりました。国連人権理事会諮問委員会の草案がまとまったのが二〇一三年でした。国連人権理事会ではコスタリカ政府が音頭を取って実現に漕ぎ着けました。

宣言第一条は「すべての人は、すべての人権が促進され保護され、かつ発展が十分に実現するような平和を享受する権利を有する」、同第二条は「国家は、社会内及び社会相互間の平和を構築する手段として、平等及び無差別、正義、並びに法の支配を尊重し、実施し、促進し、かつ恐怖及び欠乏からの自由を保障しなければならない」としました。平和的生存権を掲げた憲法を持っているのですから、憲法学も平和運動も世界に目を開いて、その理論的・実践的意義をもっと重視する必要があります。

三　人として認められる権利

――「人として認められる権利」という言葉は初めて聞きました。

前田――憲法の教科書を何十冊開いても、この言葉は出てきません。「人」と「市民」の区別すらつかない日本憲法学を生み出したように見えます。フランス革命期の「人権宣言」を想起しましょう。一七八九年の人権宣言の正式名称は「人及び市民の権利宣言」でした。人として持っている権利と市民として持っている権利が意識されていました。人であるがゆえに持っている権利は保障されるが、フランス市民でない者には市民権は保障されないことがある。この二段構えが日本では本当には理解されませんでした。

一九四八年の世界人権宣言第六条は次の通りです。「すべて人は、いかなる場所においても、法の前において、人として認められる権利を有する」。この短い一節が日本国憲法にはありません。「すべて人は人として認められる権利を有する」――当たり前のことがわざわざ書かれたのは、人を人として認めない法や国家が現存したからです。ナチス・ドイツによるユダヤ人虐殺は、アウシュヴィッツ強制収容所に代表される「絶滅収容所」と「労働収容所」において大規模かつ組織的に行われました。ユダヤ人を「ゴキブリ」「ウジ虫」と蔑視した極端な差別政策の行き着いた先がアウシュヴィッツです。日本軍性奴隷制（慰安婦）問題や南京大虐殺をはじめ、日本軍国主義が植民地や占領地で何を行ったかを想起するなら、第六条の重要性は容易に理解できるでしょう。

人として認められる権利は、その後の人権規範にも引き継がれました。一九六六年の国際自由権規約（市民的政治的権利に関する国際規約）第一六条は「すべての者は、すべての場所において、法律の前に人として認められる権利を有する。」と定めます。一九六九年の米州人権条約第三条、一九八一年のアフリカ人権憲章（バンジュル憲章、人及び人民の権利に関するアフリカ憲章）第五条第一文、二〇一二年のアセアン人権宣言第三条が「人として認められる権利」を定めています。

――これだけ繰り返し登場するのに、日本では取り上げられませんね。

前田――人として認められて初めて「権利の担い手」となり、思想信条の自由や表現の自由を行使できる条件が整います。人として認められたならば、それ以後に重要となるのはさまざまな権利ですが、第六条は空気のごときものになっていなくてはならないのです。

――日本にはその「空気」がないことになります。

前田――真空状態です。何しろ法務官僚が「外国人は煮て食おうと焼いて食おうと自由だ」と言ってのけた国です。今も同じ思考様式が支配しています。

――入管施設を見ると、現在でも外国人を人間扱いしていません。スリランカ女性のウィシュマ・サンダマリさん死亡事件は記憶に新しいところです。

前田――マイケル・ボグダン（ルンド大学教授）とビルジット・コフォ・オルセン（デンマーク人権センター研究員）によると、第六条は、存在するという基本権にかかわる概念であり、世界人権宣言第一条の尊厳の平等原則と結びついています。第六条の起草過程の議論では、この条文の主たる目的は、一定の基本的市民権、すなわち契約を結ぶ権利、購入を決定する権利、就職する権利、訴訟を提起する権利の行使を保障することでした。「それなしに人間が生きることを強いられてはならない基本権」という理解です。

――権利の基礎の基礎ですね。

前田――オーストリアの法律家で、ウィーン大学教授、国連人権理事会拷問問題特別報告者、ボスニア・ヘルツェゴヴィナ特別法廷判事を務めたマンフレド・ノヴァクによると、宣言第六条は国際自由権規約第一五条と結びついて、法的人格の権利の主要部分を成し、他のすべての条文の体系的解釈において考慮されると言います。宣言第六条はそれ自体としての意味はもとよりとして、それ以上に他の条文の解釈基準として意義を発揮します（前田朗「人として認められる権利――世界人権宣言第六条を読み直す」『明日を拓く』一二九・一三〇号、二〇二一年、東日本部落解放研究所）。

四　差別されない権利

――二〇二三年六月二八日、東京高裁は『全国部落調査』復刻版出版事件の控訴審判決を言い渡し、差別されない権利を認めました。憲法第一四条から言って、当たり前のことです。

前田――そうではありません。最高裁判所判例では、憲法第一四条の規定は具体的な権利を認めたものではないと解釈されてきました。

――憲法第三章の「国民の権利及び義務」の中に憲法第一四条があって、法の下の平等と差別の禁止が明記されています。これが権利ではないというのはどういうことですか。

前田――最高裁も憲法学も、憲法に何が書いてあろうと、それは国家が不合理な別異取り扱いをしないという意味で、不作為を求めているだけであって、個人に積極的に権利を認めたものではないという奇妙な解釈をしてきたのです。「解釈」という名の憲法改竄です。人権無視の憲法解釈ですが、最近は徐々に変わってきました。

二〇二三年六月、東京高裁判決は「人格権に基づく法的救済」について、「部落差別は、我が国の封建社会で形成された身分差別により、経済的、社会的、文化的に不合理な扱いを受け、一定の地域に居住することが余儀なくされたことに起因して、本件地域の出身であることなどを理由に結婚や就職を含む様々な日常生活の場面において不利益な扱いを受けることである。上記のような部落差別は、差別される者の人間としての尊厳を否定するものに等しく、許容することができないものであることはいうまでもない」という認識を示しました。その上で東京高裁判決は「憲法一三条は、すべて国民は個人として尊重され、生命、自由及び幸福追求に対する権利を有することを、憲法一四条一項は、すべて国民は法の下に平等であることをそれぞれ定めており、その趣旨等に鑑みると、人は誰しも、不当な差別を受けることなく、人間としての尊厳を保ちつつ平穏な生活を送ることができる人格的な利益を有するのであって、これは法的に保護された利益であるというべきである」と結論づけました。画期的判決です。

――差別されない権利をきちんと認めたのですね。

前田――一審の東京地裁は差別されない権利に言及しませんでした。これまで差別されない権利を積極的に認めた判決はないと考えられてきました（ただし、木村草太『「差別」のしくみ』参照）。学説では、金子匡良が「新たな差別事象に対応していくためには、これまでの差別概念を拡張し、不合理な別異取扱いのみならず、合理的配慮の不提供や、偏見や差別意識に基づく不当な言動およびそれを助長する行為を広く『差別』と捉え、それらの排除や予防を求める権利を『差別されない権利』として新たに構成する必要がある」と提唱しました。金尚均は「プライバシー侵害や名誉棄損が、まさしく被差別部落地域とそこに住んでいる人々をターゲットにして行われたことからすると、その侵害は単なる不法行為ではなく、差別目的から行われたものであり、差別されない権利の侵害があったとして、不法行為の違法性においてより重大なものとして評価すべき」であり、「裁判所は、憲法一四条の定めに適合するように無形損害に対する賠償額の算定を行うべき」であると言います。

――当たり前のことを言っているように思います。

前田――憲法解釈としては画期的な主張です。従来の判例・学説は、不利益取扱いの禁止に限定して、それ以外の意味内容を持たせないことで一致していたからです。差別されない権利論は、個人に権利を認めるため、大いに変更を迫るものでした。

差別されない権利は世界人権宣言第一条、第二条一項、国際自由権規約第二条一項、人種差別撤廃条約等に基づく国際人権法の基本的要請であり、他の自由や権利の保障の基礎を成しています。日本国憲法にも通底する当然の法理です。差別概念が不利益取扱いに限定されるという理解はそもそも疑問です。憲法に書いてある通りに解釈してはならないという「解釈」が横行してきましたが、東京高裁判決が差別されない権利を認めたことで議論の水準が一段上がると期待できます（前田朗「差別されない権利を求めて」『明日を拓く』一三二号、二〇二二年）。

五　将来の世代の権利

――将来の世代の権利も初めて聞きました。

前田――二〇二三年の『将来の世代の人権に関するマーストリヒト原則』（以下「マーストリヒト原則」）によると、将来の世代の人権は人権論において長い間、否認されてきました。しかし、人権法の適用は現在の世代に限られません。将来の世代の人権に関する国際法の基礎は、過去一世紀に及ぶ国際文書の中に見出されます。世界各国の多数が憲法や法律において認めてきました。先住民族の法、伝統、世界観にも見られます。国連人権機関が主導したものではありませんが、常設国連人権機関の研究者、国連人権問題特別報告者、及び著名な国際人権研究者たちの協力によって作成されました。

――専門研究者と国際人権NGOの協力の産物ですね。

前田――世界人権宣言、国際自由権規約、国際社会権規約によれば「人間家族のすべての構成員の平等かつ不可分の権利」は自由、正義、平和の基礎です。世界人権宣言もその他の国際人権文書も現在の人権に限定していません。人権は人間家族のすべての構成員に及ぶので、現在だけなく将来の世代も含まれます。将来の世代の人権は人間の責務の本質的局面を形成し、尊厳、平等、不可分です。将来の世代の人権を承認し確保することは、現在から遠い将来までの意思決定や正義にかかわります。世代を超える正義には個人的局面と集団的局面があります。マーストリヒト原則によると、人間性は世界の一部であり、世界から切り離せません。将来の世代の人権は人間性の地球自然システムへの依存に照らして解釈されなければならないのです。将来の世代の人権は人間と自然世界との関係を認識する法的文脈で理解され、解釈される必要があります。

――将来の世代と言っても無限定ですよね。

前田――「将来の世代」とは、現在存在しないが、存在して地球に居住することになる世代です。個人、集団、人民が含まれます。確かに無限定ですが、はるか遠い先のことまで考える必要はないでしょう。将来の世代の人権の法的基礎は、第一に現在の世代に限定せずに、すべての人民に人権を承認している国際法、第二に何らかの形で将来の世代に対する義務や責任に言及している国際法、第三に将来の世代に対する義務や責任に言及している法の一般原則です。

マーストリヒト原則は「制約と特例」として、将来の世代の人権の保障を超えて国内法や国際法に影響を与えるものではないとされています。マーストリヒト原則の解釈に当たって、人間性の自然への依存に照らして解釈される必要があります。過去、現在、将来のすべての人間は尊厳において平等であり、人権を完全かつ平等に享受できます。人権は普遍的、不可分、相互依存、相互関連します。将来の世代は個人の権利も集団の権利も付与されます。

――環境倫理の重要性を将来の世代の権利と読み替えたのでしょうか。

前田――環境倫理でもありますが、権利論として構成しています。各国は作為又は不作為によって、個人であれ集団であれ、すべての必要な行動をする義務があり、この義務を履行しなければ将来の世代の人権を侵害したことになります。各国は①尊重、②保護、③実現する義務を履行し、実効的な保障を確保しなければならないのです。

第一に尊重する義務です。各国は、将来の世代の人権を侵害する実質的危険をつくり出すことを予見し、又は合理的に予見するべきであった場合、その行為を避けなければならないことになります。

第二に保護する義務です。各国は、公的行為者や私的行為者の行為によって課される実質的危険から将来の世代の人権を保護するすべての必要な措置を取るべきです。各国には、将来の世代の人権侵害をもたらすかもしれない環境創出を合理的に予見し、予防する義務があります。

第三に実現する義務です。各国は将来の世代の人権を実現するために必要なすべての措置を取らなければならず、それには適切な財政と技術支援の提供が含まれます。国家間でも国内でも、不均衡や不平等の原因を取り除く環境を作らなければならないのです。

——わかりますが、権利のイメージからやや遠ざかっている印象もあります。

前田——日本国憲法にも同じことが明記されています。憲法第一一条は「国民は、すべての基本的人権の享有を妨げられない。この憲法が国民に保障する基本的人権は、侵すことのできない永久の権利として、現在及び将来の国民に与へられる」と定めます。憲法第九七条は「この憲法が日本国民に保障する基本的人権は、人類の多年にわたる自由獲得の努力の成果であつて、これらの権利は、過去幾多の試錬に堪へ、現在及び将来の国民に対し、侵すことのできない永久の権利として信託されたものである」と定めます。

このように憲法は「将来の国民」に基本的人権が保障されると明示しているのです。それゆえ、人権論として当然のことですが、憲法が明示している通り、日本では将来の世代に人権が認められることは明らかです。将来の世代の人権は憲法上の人権です。裁判所がそれを認めてこなかっただけです。

――「基本的人権とは何かがそもそも理解されていない」と言っていた理由がよくわかりました。

前田――①平和的生存権、②人として認められる権利、③差別されない権利、④将来の世代の人権の四つを見てきた通りです。憲法に明記されていないからと言って人権を認めず、憲法に明記されていてもさまざまな口実をつけて人権を認めない傾向がありました。基本的人権の基本が理解されているとは言えません。立憲主義と無縁の精神ではないでしょうか。

〈お薦めの著書3冊〉

①前田朗『軍隊のない国家』（日本評論社、二〇〇八年）

②笹本潤・前田朗編『平和への権利を世界に――国連宣言実現の動向と運動』（かもがわ出版、二〇一一年）

③木村草太『「差別」のしくみ』（朝日出版、二〇二三年）

第七章　ヘイト・スピーチの憲法論はどうあるべきか　上瀧浩子

一　京都朝鮮学校襲撃事件

刑事訴訟

――上瀧さんは京都朝鮮学校襲撃事件の刑事訴訟及び民事訴訟に始まり、李信恵・反ヘイト訴訟、ウトロ放火事件刑事訴訟など、多くのヘイト・スピーチ／クライム事件で被害者側の代理人として活躍してきました。

上瀧――京都朝鮮学校事件は二〇〇九年一二月に始まりました。「在日特権を許さない市民の会（在特会）」会員十数名のうち中心的役割を果たした四名が被告人として起訴されました。一審の京都地裁は、四名全員について威力業務妨害罪、器物損壊罪、侮辱罪の共謀共同正犯として有罪を言い渡しました。うち三名は控訴せず有罪が確定し、一名は控訴し、二審の大阪高裁が控訴を棄却して、確定しました。

この時期、各地でヘイトデモが広がり、メディアでもヘイト・スピーチという言葉が使われるようになりました。刑法にはヘイト・スピーチの規定がありません。名誉毀損罪の適用が考えられますが、検察官は名誉毀損罪ではなく、刑罰の軽い侮辱罪を選択しました。当時、名誉毀損罪の法定刑は「三年以下の懲役若しくは禁錮又は五十万円以下の罰金」でしたが、侮辱罪の法定刑は「拘留又は科料」と、刑法の中で一番軽い刑罰でした。実際には威力業務妨害罪や器物損壊罪も起訴されたのですが、ヘイト・スピーチに焦点を当てて考えると、侮辱罪が基準になりかねません。その後二〇二二年、刑法改正によって侮辱罪の法定刑が「一年以下の懲役若しくは禁錮若しくは三十万円以下の罰金又は拘留若しくは科料」に修正されました。

民事訴訟

——刑事訴訟に続いて京都朝鮮学校襲撃事件・民事訴訟が闘われました。不法行為に基づく損害賠償請求訴訟の形式でヘイト・スピーチの責任を問う訴訟でした。

上瀧——弁護団としては、①裁判所に「民族教育権」を認めさせること、それから、②ヘイト・スピーチを認めさせること、③被害の重大性・深刻性を認めさせること、④人種差別撤廃条約やヘイト・スピーチについて正面から判断させることを目指しました。二〇一三年一〇月七日、京都地裁は原告（被害者・朝鮮学校）の請求を認めて、被告（在特会及びそのメンバーら）に対して一二二六万円の損害賠償、及び京都朝鮮学校へのデモ差止めを命じる判決を下しました。判決は人種差別撤廃条約について直接適用かと思える理解を示しました。とても重要なことで、司法もまた人種差別撤廃条約第六条の名宛人であり、裁判所は人種差別の行為に対する被害救済をちゃんとしなければならない、具体的には、相対的に高額の賠償をするべきである、との判決でした。また人種差別の定義（区別、排除、制限又は優先）のうち区別や制限に当たるだけでなく、判決は「排除」に着目しました。そして被害の実質を「人権及び基本的自由の享有を妨げる目的を有するもの」と捉えました。二〇一四年七月八日、大阪高裁は被告側の控訴を棄却しましたが、人種差別撤廃条約については直接適用を退けて、間接適用を明示しました。「憲法一三条、一四条一項や人種差別撤廃条約の趣旨に照らし、合理的理由を欠き、社会的に許容し得る範囲を超えて、他人の法的利益を侵害すると認められるときは、民法七〇九条にいう『他人の権利又は法律上保護される利益を侵害した』との要件を満たすと理解すべきであり、これによって生じた損害を加害者に賠償させることを通じて、人種差別を撤廃すべきものとする人種差別撤廃条約の趣旨を私人間においても実現すべきものである。」

高裁判決のもう一つの意義は民族教育に言及し、「在日朝鮮人の民族教育を行う利益」と明言したことです。判決は「被控訴人は理不尽な憎悪表現にさらされた」という表現を用いました。「憎悪表現（ヘイト・スピーチ）」という用語を採用したと言えます。弁護団としては、刑事訴訟と民事訴訟を進める中で被害者の朝鮮学校関係者と協力して、手探り状態で懸命に学習を積み重ね、ヘイト・スピーチ裁判を闘いぬいたと考えています。

ります。

二　差別の憲法論

――差別問題としてのヘイト・スピーチを考える場合、憲法第一三条、第一四条の解釈が重要になります。

上瀧――大阪高裁はもちろん憲法第一三条、第一四条を引用しました。憲法第一三条は「すべて国民は、個人として尊重される。生命、自由及び幸福追求に対する国民の権利については、公共の福祉に反しない限り、立法その他の国政の上で、最大の尊重を必要とする」です。最高裁はこの規定を根拠に「人格権」の法解釈を展開してきました。第一三条は一般的な規定ですが、人格権として設定することで、一方でプライヴァシー権や個人情報の権利、他方で環境権や眺望権や嫌煙権の議論も可能になります。ヘイト・スピーチも人格権に対する侵害として理論構成できます。

憲法第一四条一項は「すべて国民は、法の下に平等であつて、人種、信条、性別、社会的身分又は門地により、政治的、経済的又は社会的関係において、差別されない」です。①「法の下の平等」と②「差別されない」という明確な反差別原則が規定されています。ヘイト・スピーチは重大な差別であり、差別の煽動ですから、憲法第一四条の問題になります。

――学説では「憲法第一四条は国家が積極的に差別的取り扱いをしないことを要請するだけであっ

て、個人がいかなる場合にも差別されないことを要請していない。私人による差別に憲法は適用されない」と解釈する学者がいます。国家は私人による差別を放置して良いことになってしまいます。

上瀧――憲法第一四条を素直に読めば、そういう解釈にはならないはずです。差別被害者が訴えた時に、裁判所が法の下の平等といかなる個人も差別されないことを踏まえた法解釈をすることが要請されます。京都地裁も大阪高裁も具体的方法は異なりますが、私人による差別に適切な法的評価を加える努力をしたと思います。憲法は基本的には対国家関係を規律することから出発しましたが、私人間についてフリーハンドと言うことはありません。憲法第一四条は何も国家による差別に限定していません。もちろん国家による差別は許されませんが、差別と聞くと私人の間の差別を思い浮かべる人が多いと思います。民族差別も女性差別も、私人間で頻繁に行われてきた歴史的・社会的事実があります。私人間の差別があることは当然想定していたはずです。それは歴史的に形成されてきた憲法の理解です。例えば憲法第二七条は勤労の権利と勤労条件、第二八条は団結権と団体交渉権を定めて使用者と労働者の平等を図っています。労働関係も私人間関係ですが国家が介入します。特定の地位や属性を前提として異なる権利を認めることは憲法も明示しており、被差別者であるマイノリティの権利を認めることは、憲法解釈として矛盾せず、むしろ積極的に認めていくべき権利です。

日本国憲法は一九四六年制定段階ですでに私人間適用を明確に想定していました。国家は私人間の関係を全く何でもよいと言っているわけではありません。憲法第一四条はあらゆる場面での差別規制を定めていて、想定しているのは私人間です。私人間適用を想定せずに第一四条が制定されたという理解はそもそも疑問です。

表現の自由とは

――ヘイト・スピーチと言うと、憲法第二一条の表現の自由が引き合いに出されて、「表現の自由は他の自由や権利より優越的地位にあり、手厚い保障が必要だ。ヘイト・スピーチの刑事規制は難しい」という議論が持ち出されます。

上瀧――民主主義社会にとって表現の自由が極めて大切であることは言うまでもありません。しかし何が表現の自由の保障の範囲に入るかは、憲法と下位規範を総合的にみる必要があります。人種差別撤廃条約、その解釈基準としての人種差別撤廃委員会の一般的見解三五号を見れば、ヘイト・スピーチを抑制することによって表現の自由が守られることが明確です。ヘイト・スピーチを抑制することによってマイノリティの表現を保障・実現できます。

ヘイト・スピーチの害悪の一つとして沈黙効果があります。マイノリティがヘイト・スピーチに反論すると、さらなるヘイト・スピーチを浴び、自分の発言が冷笑されることが多々あります。マイノリティは傷つきたくないから表現を控えざるをえなくなります。沈黙の結果、マイノリティの声は埋もれてしまい、表現の豊かさが喪失します。ヘイト・スピーチが蔓延することで表現が削られることになります。ヘイト・スピーチの規制は当然です。それは憲法第一二条の「この憲法が国民に保障する自由及び権利は、国民の不断の努力によつて、これを保持しなければならない。又、国民は、これを濫用してはならないのであつて、常に公共の福祉のためにこれを利用する責任を負ふ」に照らしても言えます。自由の行使に責任を伴うのは自然なことです。他人の権利の侵害は自由ではありません。

表現でも、表現の自由に含まれない場合があります。百歩譲って仮に権利の行使だとしても、マイノリティの人格権とマジョリティの表現の自由の比較衡量が必要になります。ヘイト・スピーチには自己実現の価値、自己統治の価値があるのか。価値相対主義に陥ることなく、正面から判断するべきです。フェイクもヘイトも仮に自己実現の価値があるとしても、自己統治の価値があるのか疑問です。表現の自由の保障の範囲にあるかどうかは厳しく評価するべきです。関東大震災の際の朝鮮人虐殺は虚偽であるなど歴史否認に関わるフェイクは、差別的言論と密接な関わりがあり、今後も注視していかなければならない問題です。

ヘイト・スピーチ解消法九年

――二〇一六年に「本邦外出身者に対する不当な差別的言動の解消に向けた取り組みの推進に関する法律」が制定されました。「本邦外出身者」という概念、適法居住要件や、刑事制裁がないことなど、疑問点がありますが、「ヘイト・スピーチは良くない」という国の姿勢を示すことができました。

上瀧――ヘイト・スピーチ解消法を制定したことは意味があったと言えます。この九年間、同法を活用する努力を続けてきました。法律があって良かったと思います。禁止規定ではないにしても、ヘイト・スピーチは良くないことだと明示したのですから、この法律を使わないといけないのです。裁判所は、法律があれば共通認識ができます。ヘイト・スピーチ裁判を経験して、司法も少しずつ前進している面があると思います。人権をある程度守る「保守」の役割を果たしているからです。

京都朝鮮学校事件、徳島県教組事件に続いて各地で裁判が続いています。個人が直接被害を受けた場合は、個人による名誉毀損訴訟ですが、以前とは異なり、事案の本質がヘイト・スピーチであることに焦点を当てて主張・立証できます。フジ住宅ヘイトハラスメント裁判、後でお話しする李信恵さんの反ヘイト訴訟、崔江以子さんの名誉毀損訴訟、辛淑玉さんの対DHC訴訟も続きました。街頭デモなどでのヘイト・スピーチ事件は減少傾向にありますが、一方でインターネット空間を含め、ヘイト・スピーチが行われています。部落差別では、部落地名調査出版事件民事訴訟があります。一審二審とも被差別部落地域居住の被害者（原告）が勝訴しています。

ヘイト・クライムも深刻化してきました。ヘイト・スピーチ概念が広まっていたのでヘイト・クライムも理解しやすかったのではないでしょうか。相模原市津久井やまゆり園事件のように障害者に対する事件や、京都ウトロ放火事件やコリア国際学園事件のように在日朝鮮人に対する事件も続いています。私はウトロ放火事件の被害者側の弁護もしてきましたが、インターネット上でヘイト・スピーチが蔓延して、それをみた犯人がウトロ放火事件を引き起こしました。また民団徳島県本部への脅迫事件やコリア国際学園事件は、何れも組織的背景がなくローン・ウルフ型の犯罪であり、在日朝鮮人への異常な「憎しみ」はインターネットを通じて醸成されたものと思わざるをえません。ヘイト・スピーチは表現の自由どころか、社会的害悪として扱うべきです。

三　反ヘイト・スピーチ裁判

――李信恵さんの反ヘイト・スピーチ裁判（名誉毀損事件）では不法行為を認めさせただけでなく、複合差別を裁判所に認定させました。

上瀧――二つの裁判を提起しました。第一に対在特会裁判、第二に対保守速報裁判です。

対在特会裁判では、被告は在特会（在日特権を許さない市民の会）及びその会長だった桜井誠です。被告らは一年以上にわたって原告・李信恵さんをヘイト・スピーチの標的とし、「プデチゲみたいな顔して」「ピンクのババア」等、原告の人格と尊厳を否定する悪罵を投げつけました。

裁判は二〇一四年一〇月七日に大阪地裁で始まりましたが、事実関係には争いがなく、被告は「正当な意見論評である」等の主張を続けました。一六年九月二七日、大阪地裁は、被告・桜井誠による名誉毀損の事実を認め、七七万円の支払いを命じるとともに、桜井側より起こされていた反訴をすべて棄却し、原告勝訴判決を言い渡しました。被告らの行為が、人種差別撤廃条約が禁止する人種差別に該当することを認めた訳です。被告が控訴したため、舞台は大阪高裁に移り、一七年六月一九日、大阪高裁は控訴を棄却しました。一審・大阪地裁が認定しなかった民族差別と女性差別の複合差別であることも認定したので、画期的な判決だと思います。被告が上訴しましたが、一八年一一月一九日、最高裁が上訴不受理を決定したため、原告の勝訴が確定しました。

対保守速報裁判もインターネット上の名誉毀損裁判です。一七年一一月一六日、大阪地裁は原告勝訴判決を言い渡しました。一八年六月二八日、大阪高裁判決を経て、同年一二月一一日、最高裁が上訴不受理を決定したため、原告勝訴が確定しました。

複合差別を認定

――複合差別、あるいは差別の交差性の論点を提起して、見事に勝訴判決でした。

上瀧――一審の大阪地裁は複合差別に言及しませんでしたが、二審の大阪高裁が複合差別を認定しました。民族差別と女性差別が重なり合うことで、被害はより大きなものになったという認定です。弁護団は、元百合子さん（大阪経済法科大学二一世紀社会研究所客員研究員）、鄭暎惠さん（大妻女子大学教授）の意見書を提出しました。

――元百合子さんの意見書の概要は、元さんの論文「在日朝鮮人女性に対する複合差別としてのヘイト・スピーチ」『アジア太平洋研究センター２０１６―２０１７』（大阪経済法科大学アジア太平洋研究センター）で知ることができます（同センターのウェブサイトから入手できます）。

上瀧――元意見書は、女性差別としての「女性に対する暴力」について、女性差別撤廃条約第一条や、一九九三年の「国連女性に対する暴力撤廃宣言」を引用しています。同宣言前文は「女性に対する暴力は、歴史的に男性による女性差別と支配をもたらし、女性の完全な発展を妨げてきた男女間の不平等関係の現れであり、男性に比べて従属的地位に女性を押し込める重大な社会構造の一つであることを認め」るとしています。女性差別撤廃委員会の一般的勧告一九号と一般的勧告二八号では、女性に対する暴力が重大な人権侵害になるのは、直接の被害に加えて、その他の人権及び基本的自由の享受をしばしば害し、あるいは無効にするからとされています。

在特会や保守速報は、日本人男性として自らの民族的かつジェンダー的優位性に依拠し、人種主義的かつ女性差別的言辞を多用して、原告の人間性、尊厳と人権を全面的に否定する激しい攻撃を加えた訳です。それは、原告個人に向けられたものであると同時に、在日朝鮮人女性に対する蔑みと威嚇のメッセージです。極度に口汚い悪罵の反復によって継続的になされる人間性、尊厳と人権の全面的否定による精神的苦痛は、身心の健康状態の悪化につながることも多く、身体的・精神的被害の大きさは計り知れません。

――複合差別をめぐる議論は、一九九〇年代に国連人権機関で行われました。当時、国連人権委員会差別防止少数者保護小委員会が複合差別を議題として取り上げ、人種差別撤廃委員会及び女性差別撤廃委員会も複合差別に取り組みました。その様子を見ていたのですが、上瀧さんが大阪高裁に認めさせることになりました。

上瀧――鄭暎惠さんの意見書は複合差別の被害について述べています。複合差別は、差別の被害が足し算でなく、かけ算になることが書いてあります。そして、「相手が男性なら、こんな言い方はしない、ここまで言わない」として、李信恵さんへのヘイト・スピーチはジェンダー差別がベースにあることを述べています。しかし、民族差別が言われるとき、ジェンダー差別が後景化しやすいことは、注意すべきことだと思います。在特会事件・大阪高裁の判決は、ジェンダー差別を後景化させず、複合差別を認めたところに意義があります。特に重要な点ですが、マイノリティ女性はマイノリティ男性以上に差別の対象とされやすいということです。元先生の意見書でも指摘していることでした。しかし、残念ながら、いずれの判決もそこまでは踏み込んでいません。複合差別についてその様な問題意識で検討が進んでこなかったこと、とりわけ、統計的な資料がなかったことが大きな理由であると考えています。

鄭意見書では、マイノリティ女性が抱える複雑化したトラウマにも言及しています。この中で、民族の歴史的体験がトラウマの一部を形作っていることも述べられています。マイノリティは女性に限らずこのような集合的記憶がトラウマを形作っていると思います。例えば、関東大震災での朝鮮人虐殺の記憶は、マイノリティの日本社会に対する不安感の大きな根拠になっていると思います。そこに、ヘイト・スピーチが襲来したときのマイノリティの恐怖は想像するにあまりあります。

四　ヘイト・クライムへの対処

ウトロ放火事件

――二〇二一年には、いっそう暴力的なヘイト・クライムが起きました。二〇二一年八月三〇日、ウトロ（京都府宇治市）の木造トタン葺平屋建家屋に放火がなされ、近接家屋等六棟を全焼させるなどして焼損した事件です。たまたま人身被害はなかったものの、その恐れも高い放火事件でした。

上瀧――ウトロ放火事件の被告人は、それ以前にも、在日本大韓民国民団愛知県地方本部（名古屋市）や、愛知韓国学園名古屋韓国学校（名古屋市）にも放火していました。二〇二二年八月三〇日の京都地裁判決は被告人に有罪を認定し、懲役四年を言い渡しました。「量刑の理由」はおおよそ次の通りです。

被告人は、かねて在日朝鮮人が不当に利益を得ているなどとして嫌悪感や敵対感情等を抱き、日本人もこの問題を考えることなく放置しているなどとして不満を持っており、離職を余儀なくされるなどして自暴自棄になり、鬱憤を晴らすとともに、在日朝鮮人や日本人を不安にさせてこの問題に世間の注目を集め、排外的な世論を喚起したいなどと考え、名古屋事件に及んだ。この事件が期待したほど世間の注目を集めなかったことから、より大きな事件を起こして強く世論を喚起したいと考え、折から京都のウトロ地区に平和祈念館の開設計画があることを知ると、展示予定になっていた立て看板等を焼損して、その展示や同館の開設を阻止しようなどと考え、これらが収納されていた木造家屋に放火して、京都事件にも及んだ。被告人は、強固な犯意に基づき、同家屋を全焼させるとともに周囲に密集する木造家屋等をも延焼させるおそれの大きい、危険な態様で放火したものであり、現に家屋等五棟が全焼し、二棟が半焼して焼損面積は合計約三八九m^2に及ぶという重大な結果を生じさせた。地域住民にとっての活動拠点が失われ、その象徴とされる立て看板等の史料が焼失するなど、被害者らが被った財産的損害のみならず精神的苦痛等も大きいものであり、その処罰感情が極めて厳しいのも当然といえる。被害の発生を顧みることなく放火や損壊といった暴力的な手段に訴えることで、社会の不安を煽って世論を喚起するとか、自己の意に沿わない展示や施設の開設を阻止する目的を達しようとすることは、民主主義社会において到底許容されるものではない。本件各犯行の動機は甚だ悪質というべきであり、被告人に対しては相当に厳しい非難が向けられなければならない。

以上のような理由で刑罰の選択がなされました。

――国際的にもヘイト・クライムは刑罰加重事由とされています。法律的には、一般的な量刑事情にヘイトを入れる場合もあれば、個別にヘイト殺人やヘイト脅迫の量刑を定める場合があります。いずれにしても刑罰を加重するのが通例です。

ヘイトと差別の認定

上瀧――ウトロ放火事件に続いて、コリア国際学園事件や徳島民団事件というヘイト・クライムが起きました。コリア国際学園事件では建造物に侵入して、段ボールなどに放火しています。被告人は有罪となり、懲役三年（執行猶予付）でした。大阪地裁は「歪んだ正義感にもとづく独善的な動機だ」と指弾しましたが、判決文では差別やヘイトと言う言葉を使っていません。徳島民団脅迫事件では、検察官が公判廷で「本件はヘイト・クライムである」と明言しました。ウトロ放火事件やコリア国際学園事件では言葉を使わずに、差別やヘイトであることを推測させる判決でしたが、検察官がヘイト・クライムという言葉を使いました。今後は判決にも影響することが期待できます。

――裁判所は差別という言葉をなかなか使わないことが知られます。東京ＭＸテレビの「ニュース女子」事件（ＤＨＣ裁判）では、被害者の辛淑玉さんがＤＨＣを相手に名誉毀損裁判を起こし、東京地裁で損害賠償命令が出ました。辛さん全面勝訴となりました。ただ、判決では差別という言葉は使われていません。「出自に注目した」と言う表現が用いられました。

差別禁止法の必要性

――人種民族差別、性差別、障害者差別、ジェンダー差別などの差別に対処し、ヘイト・スピーチやヘイト・クライムを抑止するために、人種差別撤廃委員会は日本政府に包括的な差別禁止法の制定を勧告しています。

上瀧――国連人権機関としても、人種差別や女性差別など、あれこれの差別が存在するこの日本社会で、包括的な差別禁止法を制定することが大切だと考えています。日本では、差別に対する個別法は部落差別解消法や、ヘイト・スピーチ解消法などが成立しています。しかし、その内容には差があります。とりわけ民族差別についてヘイト・スピーチ解消法は理念法にとどまっており、ヘイト・クライムを防止したり重く処罰したりする効果はありません。確かに、それぞれ差別が生ずる場面は違っていることもあります。しかし、相模原やまゆり園事件の障害者の大量殺人も、ウトロ放火事件も、差別を動機とする点では同じです。あらゆる差別は人間の尊厳を貶価し、「一人前の人間とは認めない」という点では共通するものです。人間の尊厳を中心に置いたときに、全ての差別を許さないということを法律で宣言することはとても重要なことだと思います。

――外国人人権法連絡会や部落解放・人権研究所がそれぞれ包括的差別禁止法を提案しています。前者は人種民族差別を中心的に意識した差別禁止法案で、後者は幅広い差別現象を念頭に置いています。議論を誘発する意味で重要な二つの法案です。

上瀧――国内から、包括的差別禁止法の案が提示されることはとても大切だと思います。例えば、現行法では障害者差別解消法がありますが、そこで規定されている合理的配慮義務は、他の差別事案でも適用可能性があると思います。そのように、様々な分野のマイノリティが、気がつくこと、気がつかないことをそれぞれに持ち寄って包括的差別禁止法案をブラッシュアップすることができると思います。

〈お薦めの著書3冊〉
① 李信恵・上瀧浩子『#黙らない女たち――インターネット上のヘイトスピーチ・複合差別と裁判で闘う』（かもがわ出版、二〇一八年）
② 宮下萌編『テクノロジーと差別――ネットヘイトから「ＡＩによる差別」まで』（解放出版社、二〇二二年）
③ 石橋学・板垣竜太・神原元・崔江以子・師岡康子著『「帰れ」ではなく「ともに」――川崎「祖国へ帰れは差別」裁判とわたしたち』（大月書店、二〇二四年）

第八章　日の丸君が代強制と思想・良心の自由

寺中　誠

一　相次ぐ国際勧告

――日の丸君が代強制問題について、日本政府に対して二つの国際人権勧告が相次いで出されました。一つは国際労働機関（ＩＬＯ）と国連教育科学文化機関（ＵＮＥＳＣＯ）の合同専門家委員会であるＣＥＡＲＴの勧告です。もう一つは国際人権規約（市民的政治的権利に関する国際規約）に基づく国際自由権委員会の勧告です。まずＣＥＡＲＴの勧告からお願いします。

ＣＥＡＲＴとは何か

寺中――ＣＥＡＲＴと言っても知らない方が少なくないと思います。ＩＬＯとＵＮＥＳＣＯが合同で一九六六年に「教員の地位に関する勧告」を出しました。教員は労働者であると同時に教育科学文化に携わる職業なので、ＩＬＯとＵＮＥＳＣＯがそれぞれの立場から強い関心を持ったのです。ＣＥＡＲＴにはＩＬＯとＵＮＥＳＣＯからそれぞれ六名の委員が選出されます。法律、労働問題、教育などの分野の専門家です。ＣＥＡＲＴは教員や教育が置かれている状況を定期的に検討し、報告書や勧告を出してきました。各国政府や国際的な教員組織からの「申立て」を受理し、各国政府に勧告を出します。一九六六年の「教員の地位に関する勧告」は、すべてのレベルの学校の教員を対象として、教員の養成・研修、採用、承認、在職保障、懲戒手続、パートタイム雇用、職業上の自由、監督と評価、責任と権利、教育的意思決定への参加、効果的な教育・学習の条件、社会保障などを包括的に論じています。

――一九六六年の勧告ということですが、その時、日本もかかわっていましたか。

寺中――ＩＬＯとＵＮＥＳＣＯは一九六一年から調査を始めて、一九六五年に経過報告書と勧告草案を作成し、各国政府に回覧しました。日本を含む四六カ国と、八国際教員団体がコメントを出しました。一九六六年一月、ＩＬＯ・ＵＮＥＳＣＯ合同専門家会議が開かれ、二〇カ国の政府からの推薦により専門家が選出されました（日本からは相良惟一京都大学教授）。同年一〇月にＵＮＥＳＣＯ主催で特別政府間会議が開かれ、加盟国の全会一致で一九六六年勧告が採択されました。日本政府は勧告に対する批判的意見を述べていましたが、最終的に勧告の採択に賛成しました。当時は国際的にも日本でも、教員の労働者性と専門職性をめぐる論争がありました。労働者性をめぐる見解の対立は残りましたが、教師が専門職であるべきという点は合意されたと言えます。

建設的対話

――今回、どのような経過で日本政府に対する勧告が出たのでしょうか。

寺中——教員団体からの申立てがなされました。これまで日本については次のような申立てがなされてきました。

二〇〇四年／全教・なかまユニオン（指導力不足教員認定制度、教職員評価育成システム）

二〇一二年／東京都学校ユニオン（歴史教育をめぐる懲戒処分）

二〇一四年／全教（超過勤務、非正規教員の身分）

二〇一四年／アイム89（日の丸君が代強制問題）

二〇一四年／大阪府英語教員組合（外国籍教員の地位）

二〇一六年／なかまユニオン（大阪府教職員評価育成システム）

ＣＥＡＲＴは申立てを受理すると、当該国政府にそれを伝えます。当該政府が回答を出すと、その回答を申立て団体にフィードバックします。対話を続ける努力がなされます。その上でＣＥＡＲＴが必要と判断すれば、勧告を出します。勧告は一度出して終わるとは限りません。勧告後の状況をフォローアップします。申立団体との協議、当該政府の説明を受けて、追加の勧告を出していきます。

——教員組合の努力が続いたのですね。国際自由権委員会や人種差別撤廃委員会でも、政府報告書やＮＧＯ報告書を受理し、事前質問とそれへの回答を経て委員会での審査が行われ、最終的に勧告が出されます。「建設的対話」という言葉が知られます。

寺中――国際人権法は、国際的な協力の下で徐々に前進・改善することを掲げてきました。重大な緊急事態であればアラートを出すことがありますが、通常は当該政府との対話を積み重ねます。

――アイム89東京労働者組合は二〇一四年八月に申立てをして、二〇一五年三月に日本政府が回答を出しました。その後も情報交換を繰り返し、日本政府最終見解が二〇一六年九月に出されました。これらを受けて二〇一九年四月にＣＥＡＲＴ勧告が公表されました。

ＣＥＡＲＴ勧告（二〇一九年）

寺中――アイム89の申立ては東京都の「10・23通達」に基づく日の丸君が代起立斉唱強制に関するものです。一九九九年の国旗国歌法には起立強制は書かれていません。二〇〇三年、東京都は「10・23通達」を出して、教員に起立斉唱を義務としました。アイム89によると、四六三人の教員が式典中に起立斉唱しなかったとして、戒告、減給、停職、研修強制、勤務評価の引き下げ、昇進見送りなどの処分を受けました。定年退職後の再雇用を拒否された例もあります。アイム89は、これらは教員の思想・良心の自由の侵害であると主張しました。日の丸君が代は日本軍国主義の象徴です。また式典中、教員が障がいを持つ生徒を補助することが困難になりました。起立斉唱の義務化は一九六六年勧告の学問の自由、市民的権利の行使、非差別、専門的基準、教員団体との協議、懲戒措置、報酬に関する規定など、多くの規定に違反すると主張しました。

――一九九九年の国旗国歌法制定の審議の際、強制はしないと国会答弁しました。ところが、法律ができるや、文部科学省は強制を始めました。特に東京都は問答無用の強制に出ました。日本政府は、学習指導要領は学校教育法等に基づいており、二〇一一年の最高裁判決が、起立斉唱の業務命令は思想・良心の自由に関する憲法第一九条に違反するものではないと主張しました。起立斉唱の義務付けは、私人に対しては強制しないが、職務遂行中の教員には義務化が否定されるものではないと言います。

寺中――CEARTは一九六六年勧告や長年に及ぶCEARTの検討の蓄積を踏まえて教員の市民的自由を論じて、「教員には、公務員に課される誠実行動義務と合致する限りにおいて、国旗掲揚儀式に同意せず、反対意見を述べ、かつそれを改めようとする取り組みに参加する一般的な権利がある」とします。その上でCEARTは「具体的な問題は、愛国的な式典のさいに起立斉唱することを拒否するということの特定の行為が、どの程度まで、公務員が享受する一般的な市民的権利に含まれる権利であるのか、または誠実性もしくは生徒、教育活動および社会一般の利益のために当局と十分に協力する義務からの逸脱であるのか、ということである」と整理します。そして、「式典である歌を歌ったり旗に向かって起立したりすることはきわめて個人的な行為であり、旗や歌にこめられていることがある思想や政治的概念を受け入れていることを含意する可能性がある。斉唱や起立を拒否することは、斉唱や起立が規則により義務づけられている場合には混乱をもたらさない不服従の行為とみなされうるが、そのような行為を強制する規則は個人の価値観や意見を侵害するものとみなしうる」と言います。市民的不服従の問題として捉えています。

ＣＥＡＲＴは次のように結論づけました。

「起立や斉唱を静かに拒否することは、職場という環境においてさえ、個人的な領域の市民的権利を保持する個々の教員の権利に含まれるという見解に立つ。合同委員会はさらに、民主主義の文脈においては、拒否の行為で明らかに混乱をもたらすようなものがあれば、勧告に定められた誠実協力義務と合致しないと判断する。したがって、合同委員会は、愛国的な式典が混乱なく行われることを可能にし、しかし追従していることを表す特定の言動への参加に違和感を覚える教員にも対応できる解決策を模索するよう勧告する。」

ＣＥＡＲＴ勧告（二〇二二年）

――二〇二二年にフォローアップの勧告が出ました。二〇二〇〜二一年にアイム89が情報提供を続け、日本政府は二〇二〇年七月と二〇二一年八月に回答を出しました。

寺中──CEARTはまず「勧告に関する進展が遅々としていて、政府と組合との見解の相違が依然大きいことを懸念している。この点で、合同委員会は、同報告を労使対話のベースとして活用するよう、これまで出された勧告を改めて強調する」と述べました。

──東京都がかたくなな態度を示して、労使間の協議がなされていないことへの懸念の表明ですね。日本政府も、東京都が十分な協議に応じるように指導できるはずです。

寺中──CEARTは勧告を五点にまとめています。

「(a)本中立に関して、意見の相違と一九六六年勧告の理解の相違を乗り越える目的で、必要に応じ政府および地方レベルで、教員団体との労使対話に資する環境を作る。
(b)教員団体と協力し、本中立に関する合同委員会の見解や勧告の日本語版を作成する。
(c)本中立に関して一九六六年勧告の原則がどうしたら最大限に適用され促進されるか、この日本語版と併せ、適切な指導を地方当局と共有する。
(d)懲戒のしくみや方針、および愛国的式典に関する規則に関する勧告を含め、本中立に関して合同委員会が行ったこれまでの勧告に十分に配慮する。
(e)上に挙げたこれまでの勧告に関する努力を合同委員会に逐次知らせる。」

二　思想・良心の自由とは

――国際人権法と日本国憲法とで思想・良心の自由の考え方が異なるのでしょうか。

寺中――日本国憲法第一九条は「思想及び良心の自由は、これを侵してはならない。」です。国際自由権規約第一八条一項第一文は「すべての者は、思想、良心及び宗教の自由についての権利を有する。」としています。思想・良心の自由の尊重について日本国憲法と国際人権法との間に齟齬があるとは考えられません。

人権には絶対的に保障されるべきものと、一定の条件によっては制約が可能なものがあります。「拷問を受けない権利」や「奴隷的拘束を受けない権利」は強行規定であって、絶対的に保障されると理解されています。他方、例えば表現の自由は優越的地位にあって強い保障が求められますが、厳格な制約原理に基づいて部分的に限界があることが共通理解となっています。表現の自由と雖も絶対とは限らないからです。この区別を前提とすると、思想・信条の自由は強行規定として絶対的に保障されるものと理解できます。内心の自由は絶対的自由の典型例ですから、圧力をかけることは許されないと理解されています。国際自由権規約第一八条二項は「何人も、自ら選択する宗教又は信念を受け入れ又は有する自由を侵害するおそれのある強制を受けない。」としています。たとえ緊急事態であっても、国家が個人の内心の自由に介入することは認められません。内心の自由を尊重するために制度的保障が必要です。日本国憲法の下でも同様に考えることができます。

――教員に対して日の丸君が代起立斉唱義務を課して、これに従わないと懲戒処分とすることが思想・良心の自由に反しないという日本政府や最高裁の考え方をどう見ますか。

寺中――この問題はまず二つの側面で考えるべきだと思います。教員自身の思想・良心の自由を侵害していることは明らかです。ただ、日本政府は職員に対する義務という内部の論理を優先して、この侵害を正当化できると考えている。もちろん不当です。

ところがさらにもう一つ、教員には教育を受ける権利を持つ子どもたちに教えるという立場があり、これが憲法上の人権としても国際的な人権としても確立されています。この「子どもたちに教える」という立場から、規律斉唱義務に疑義を呈するのは、教員が持つ人権であり、自由です。この人権は内部の論理による侵害を許容できるものではありません。政府の考え方にはこれらの点をクリアできない欠陥があると思います。

三　国際自由権委員会勧告

――二〇二二年一一月、自由権規約委員会の勧告が出ました。市民的政治的権利に関する国際規約（国際自由権規約）に基づいて設置された人権委員会です。

寺中――日の丸君が代問題に関する自由権規約委員会の勧告は次の二項目です。

パラグラフ38「委員会は、締約国における思想及び良心の自由の制限についての報告に懸念をもって留意する。学校の式典において、国旗に向かって起立し、国家を斉唱することに従わない教員の消極的で非破壊的な行為の結果として、最長で六カ月の職務停止処分を受けた者がいることを懸念する。委員会は、さらに、式典の間、児童・生徒らに起立を強いる力が加えられているとの申立を懸念する。（第一八条）」

パラグラフ39「締約国は、思想及び良心の自由の効果的な行使を保障し、また、規約第一八条により許容される、限定的に解釈される制限事由を超えて当該自由を制限することのあるいかなる行動も控えるべきである。締約国は、自国の法令及び実務を規約第一八条に適合させるべきである。」

自由権規約委員会は日本に対して実に多くの勧告を出してきましたが、日の丸君が代問題での勧告ははじめてです。

自由権委員会とは

――そもそも自由権規約委員会とは何でしょうか。

寺中――国連は、ナチスドイツ等による重大人権侵害を反省して、まず一九四八年に世界人権宣言を採択しました。続いて拘束力のある人権条約を作る作業に入り、一九六六年に市民的政治的権利に関する国際規約（国際自由権規約）と経済的社会的文化的権利に関する国際規約（国際社会権規約）を採択しました。前者の国際自由権規約第二八条は、締約国による条約履行を監視する機関として自由権規約委員会を設置することを定めました。一八人の国際的な人権専門家が委員会を構成します。規約第四〇条によって、各国は条約履行状況を自由権規約委員会に報告します。委員会はこの報告を検討したうえで、委員会の報告及び適当と認める一般的な性格を有する意見（総括所見）を当該国に通知します。それが「勧告」と略称されています。

――国際人権機関の勧告と言うのは、よく耳にしますが。

寺中――国際社会は人権促進のための複数の回路を用意してきました。その中で、国連憲章に基づく人権機関としての国連人権理事会の勧告（普遍的定期審査の結果としての勧告）と、人権条約に基づく条約機関の勧告があります。後者の条約機関には、①自由権規約委員会、②社会権規約委員会、③人種差別撤廃委員会、④女性差別撤廃委員会、⑤拷問等禁止委員会、⑥子どもの権利委員会などがあります。それぞれの委員会が報告書審査と勧告を続けてきました。日本についても膨大な勧告が積み重ねられています。

国際自由権規約は一九六五年に採択されましたが、日本は一九七九年に批准しました。これまでに七回にわたって報告を出して、審査を受けました。前回の第六回が二〇一四年でしたが、今回、自由権規約委員会から事前質問票が届けられ、日本政府がこれに回答しました。二〇二二年に審査が行われました。その結果として公表された勧告は全部で48あり、日の丸君が代については先に紹介したパラグラフ38と39です。

勧告をどう読むか

――寺中さんはすでに論文「自由権規約委員会からの勧告の持つ意味」（『国際人権から考える「日の丸・君が代」問題』同時代社）を執筆しています。

寺中――パラグラフ38と39を読むための前提を確認しましょう。まず自由権規約第一八条一項は「すべての者は、思想、良心及び宗教の自由についての権利を有する。この権利には、自ら選択する宗教又は信念を受け入れ又は有する自由並びに、単独で又は他の者と共同して及び公に又は私的に、礼拝、儀式、行事及び教導によってその宗教又は信念を表明する自由を含む。」です。同条二項は「何人も、自ら選択する宗教又は信念を受け入れ又は有する自由を侵害するおそれのある強制を受けない。」です。

重要なことは、思想・良心の自由は強行規定として絶対的に保障されることです。内心の自由は絶対不可侵であり、これに圧力をかけることは許されません。例えば表現の自由は非常に重要な自由であり、厳格な制約原理に基づいた制約しか課すことができませんが、思想・良心の自由のような絶対性は想定されず、部分的に限界を認めています。自由権規約第四条は「国民の生存を脅かす公の緊急事態」における「緊急事態宣言」を定めていますが、そこでも思想・良心の自由の保障に違反することはできないとされています。内心の自由への介入を許さないために制度的な保障が必要となります。

——日本国憲法第一九条は「思想及び良心の自由は、これを侵してはならない。」とされていて、内心の自由の絶対性を保障していますが、現実にはさまざまな制約が課されてきました。

寺中——内心の自由の絶対性に相応しい解釈がなされてきたかが問われます。自由権規約第一八条三項は「宗教又は信念を表明する自由については、法律で定める制限であって公共の安全、公の秩序、公衆の健康若しくは道徳又は他の者の基本的な権利及び自由を保護するために必要なもののみを課することができる。」です。何らかの理由で内心の自由の表明が不可避的に行われてしまった場合、内心の自由への介入を手続き的に制約しているのです。

ことですが。

――内心の自由に比して、表現の自由の場合は厳格な制約原理の下で制約が認められているという

寺中――表現の自由は極めて重要な精神的自由ですが、内心の自由と違って、厳格な基準に照らして制約しうると考えられています。制約原理は自由権規約第一九条三項但書きに明示されています。「ただし、その制限は、法律によって定められ、かつ、次の目的のために必要とされるものに限る。(a) 他の者の権利又は信用の尊重、(b) 国の安全、公の秩序又は公衆の健康若しくは道徳の保護」とされています。そして自由権規約委員会一般的勧告三四号はその解釈を提示しています。日本では「公共の福祉」による一般的な制約が認められてきましたが、国際人権法では一般的な制約方法を容認していません。

公共の福祉概念は「曖昧で無限定であり」、国際基準に言う「法律によって定められたもの」に該当するとは言い難いのです。この点は二〇一四年の総括所見において「公共の福祉の概念が曖昧かつ無限定であり、かつ、規約の下で許容される制約を超える制限を許容する可能性がある」と指摘しています。今回の総括所見パラグラフ36でも「公共の福祉の曖昧で無限定な概念」について懸念が表明されています。自由権規約委員会は、日本では「法律」が欠如しているという疑念に加えて、現実に表現の自由が保障されているかを見ています。教室で子どもたちの自由な意見表明の権利が保障される状況にあるのかどうか。「通達」などによって、教員の自由な意見表明を制限した結果、

最終的には子どもたちの意見形成に重大な悪影響を与えているのではないか。

内心の自由の現実的保障

――形式的に法律が欠如しているだけでなく、現実に学校や教室で何が起きているかが問われるのでしょうか。

寺中――例えば日の丸君が代について、その掲揚や斉唱がどのような意味を持っているのか。その歴史を踏まえて批判的に評価することができるか。多様な意見を踏まえて、子どもたちが調べ、知り、自分たちの意見を形成し、主張することができるか。子どもたちが表明しようとしている内容を適切に聴き取り、それを示すことができるような環境を構築しているか。子どもの権利条約第一二条における「聴かれる権利」が要諦を成しています。そのためには教員の内心の自由の保障が重要であり、いたずらな介入は認められません。このような教育制度が機能していなければ、現実に表現の自由が保障されていると言い難いことになります。

パラグラフ38は規約第一八条三項の特に厳格な基準による権利制約に触れています。規約の条文を基礎に、自由権規約委員会の一般的意見34も踏まえて、教員と子どもの内心の自由を的確に保障しようとしています。パラグラフ36において公共の福祉概念を批判した上で、教育現場における教員の立場を尊重するものです。真の権利保持者に当たる子どもたちの持つ表現の自由、意見表明の自由、学習権などを実質的に担保するためには、教員の権利の保障が重要な条件となるからです。

――日本国憲法の解釈では、①憲法第一九条の思想・良心の自由、②第二一条の表現の自由、③第二六条の教育を受ける権利が、このように密接な相互関連の下にあることが見過ごされているように思います。

寺中――憲法学はもちろん体系的な解釈を目指して、各条項の総合的な意味、相互関連の下での位置づけを前提に解釈する努力をしてきました。ただ文科省や裁判所の理屈は、体系性よりも、権力の裁量を前提に公共の福祉の一点で突破してきた面があります。憲法、法律、通達、条例等のヒエラルキーを権力の裁量を中軸に据えて結びつけてしまいがちです。憲法第九八条二項に「日本国が締結した条約及び確立された国際法規は、これを誠実に遵守することを必要とする。」としています。国際人権法が形成・展開されるようになった今日では、国際自由権規約と子どもの権利条約を踏まえて、憲法解釈を総点検する必要があります。憲法第一九条の思想・良心の自由、第二一条の表現の自由、第二六条の教育の権利を教育現場の現実に即して嚙み合わせていくことです。そうすれば、教員個人の権利の保障だけでなく、教室における真の権利保持者である子どもたちの意思形成と意見表明の環境を整えるために、適切な教育を行う教員の裁量権を視野に入れることこそ国の責務であることが見えてきます。

四　人権ＮＧＯの課題

――ＣＥＡＲＴ勧告と自由権規約委員会の勧告を引き出したのは、教員や教員経験者を含んだ人権ＮＧＯの情報提供活動です。日本の人権ＮＧＯは国連人権理事会（旧人権委員会）、自由権規約委員会、女性差別撤廃委員会、人種差別撤廃委員会、拷問禁止委員会などでも実に多様な人権問題を取り上げて人権状況の改善につなげてきました。ところが二〇一三年、安倍内閣が「国際人権勧告に従う必要はない」と閣議決定して、わざわざそれを公表しました。その後、人権問題の特別報告者が日本に対して勧告しても直ちに撥ねつけて、耳を貸そうともしません。

寺中――勧告には法的拘束力がないから従う必要はない、としたのですよね。ただ、日本は人権諸条約の締約国なので、憲法第九八条二項にある通り「誠実に遵守」する義務は負っています。さすがに官僚層はそのことを理解していて、閣議決定の際のような門前払いの対応は、徐々にではあるけれども改善されてきています。安倍政権を支えた勢力が力を失ったことも一因かもしれません。

――憲法第九八条一項は憲法の最高法規性を謳い、二項は「日本国が締結した条約及び確立された国際法規は、これを誠実に遵守することを必要とする」としています。その解釈として、しばしば憲法優位説と条約優位説が掲げられて議論してきました。この意味がまったくわかりません。そもそも憲法が最高法規なので、国内法としては憲法優位に決まっています。憲法学は国際人権法と憲法については憲法優位説を唱えます。ところが、日米安保条約と地位協定の話になると、突然、条約優位になります。憲法優位説と条約優位説というのは何か意味があるのでしょうか。

寺中――憲法と条約が相反した結論を持っている場合にどちらが優位するか、という問いの立て方は、あくまで講学上の問題設定だと思います。条約優位説は国内法の論理としては採用しにくいでしょう。しかし、そもそも条約の批准は国会で議決しないと認められませんから、国内での立法手続は一応満たされています。つまり憲法優位説は論理上必要ないのです。それを前提として第九八条二項があることを考えると、憲法と条約の趣旨は合致することが憲法上前提とされている、という理解がもっとも相応しいと思います。

法的拘束力という理屈を持ち出しても意味がないのはこのためです。憲法と条約の内容は一致していることが前提ですから、その実現すべき目標に向かって実務を構築すべき責任は政府自身にあります。条約機関などが好ましくないと判断した動きがあるなら、国内の司法で違憲とされていようがいまいが、改善に向けた方策を編み出す責任が締約国政府自身に発生します。条約機関の勧告を放置して、知らぬ存ぜぬを貫き通すことは許されません。

ところが、現実にはなんら改善が進んでいません。また、縦割り行政の弊害で、自局の責任を逃れて別の当局に責任を転嫁したり、現場に責任も含めて投げてしまう構造は変わっていません。国旗掲揚、国歌斉唱の件については、東京や大阪での訴訟を除けば、ほぼ現場は全国的に沈黙を強いられています。そこをこじ開けなければいけないのが、私たちNGOの課題ではないかと考えています。では何をするか。各地の地元で今回の自由権規約委員会からの勧告について一般の人びとにも広め、国内人権機関の設置や、公権力が恣意的に情報を制限するのを押しとどめていくことは必須でしょう。

〈お薦めの著書3冊〉
①「日の丸・君が代」ILO/ユネスコ勧告実施市民会議編『国際人権から考える「日の丸・君が代」問題』(同時代社、二〇二三年)
②田中伸尚「ルポ 良心と義務——「日の丸・君が代」に抗う人びと」(岩波新書二〇一二年)
③萱野一樹,河原井順子、根津公子「日の丸・君が代」強制って何?:国旗国歌と思想・良心の自由(プロブレムQ&A)」(緑風出版、二〇二四年)

第九章　学問の自由を台無しにしたのは誰か　岡野八代

一　フェミ科研費裁判

――岡野さんは杉田水脈衆議院議員（当時）を相手に「フェミ科研費裁判」を闘ってきました。二〇二二年五月二三日の京都地裁判決は名誉毀損の成立を否定しました。二〇二三年五月三〇日の大阪高裁判決で逆転勝訴し、裁判所は杉田議員に対して三三万円の賠償支払いを命じました。杉田議員はアイヌ民族差別、性的マイノリティ差別を繰り返してきた根深い差別常習犯です。二〇二二年一一月三〇日、ようやく総務政務官を辞任しました。二〇二三年二月には荒川勝喜首相秘書官がＬＧＢＴ差別発言で解任されました。

岡野――杉田議員の政務官への大抜擢は、岸田文雄政権もまた人権尊重など気にかけず、あくまで権力追及一本やりなのだと打ちのめされました。辞任や解任では済まない、根深い人権無視体質がさらに厳しく問われないといけないと考えています。

――フェミ科研費裁判の概略をお願いします。

岡野――提訴は二〇一九年二月一二日でした。杉田議員は私たちの共同研究に対し、無理解と偏見に基づく誹謗中傷をインターネットテレビ、ツイッター（現X）、雑誌等種々のメディアを通じて繰り返し、私たちの名誉を大きく傷つけました。やむを得ず杉田議員に対し名誉毀損による損害賠償等請求を京都地方裁判所に提訴しました。

――原告は岡野さんに加えて、現在はみなさん名誉教授になっていますが牟田和恵さん（大阪大学）、伊田久美子さん（大阪府立大学［現大阪公立大学］）、古久保さくらさん（大阪市立大学［現大阪公立大学］）で、科学研究費「ジェンダー平等社会の実現に資する研究と運動の架橋とネットワーキング」の研究グループメンバーです。

請求の趣旨――誹謗中傷を許さない

岡野――不当な攻撃が繰り返されたため、訴状にはいくつもの事実を列挙しています。やや複雑になりますが、杉田議員が私たちの研究を何の根拠もなく誹謗中傷した一連の出来事です。第一に杉田議員は私たちの研究に「ねつ造」とレッテルを貼りました。「強制連行」に関する一部の証言に疑問があったとしても、それは「慰安婦」の存在、そして日本軍慰安所の強制性を否定するものではありません。かつて日本軍が行った戦時性暴力は多くの研究者が調査によって明らかにしました。また一九九三年の河野官房長官談話ほか、「慰安婦」問題について謝罪と反省を述べた文書は現在も日本政府の公式見解です。杉田議員はこの事実を無視して、「慰安婦」問題はねつ造とし、私たちの研究まで貶めたのです。研究がねつ造とされるのは研究者生命を危うくする、きわめて重大な名誉毀損です。

――被害者の告発や、歴史研究者の調査研究によって歴史の彼方から真実が姿を現しました。国連人権機関で共同研究が行われ、日本政府も事実を認めました。ところが一部の右翼政治家や、インターネット上では異様な歴史修正主義が跋扈して真実を隠蔽してきました。

岡野――第二に杉田議員はフェミニズムへの無理解から、私たちの研究を貶める発言を繰り返しています。ジェンダー平等の実現のためにさまざまな社会運動や活動と架橋していくことが重要であることを、私たちは理論的にも実践知としても明らかにしました。ところが杉田議員は「あんな社会運動はフェミニズムではない」「活動であって研究ではない」などと、自らの偏った理解によって研究を貶めました。女性の身体や性は第二波フェミニズム以降の重要なテーマであり、国連の条約や日本の法律にも盛り込まれています。杉田議員は「放送禁止用語を連発」などと浅薄な形容を繰り返し嘲笑し、研究に価値がないかのような印象操作をしました。私たちのみならずフェミニズムやジェンダー研究全体に対する抑圧です。国会議員で男女平等を推進していくべき立場にある杉田議員のこのような言動は許されません。

――世界的にみるとフェミニズムは実に多様です。日本フェミニズムも実に多様化しています。こうした状況につけ込んで杉田議員のような言動が登場してくるのかもしれません。

岡野――第三に杉田議員は、私たちが助成期間終了後に研究成果を発表したことについて、助成期間を過ぎて科研費を使用し、ずさんな経費の使い方をしているかのように決めつけました。助成期間が終わった後に科研費を支出することはあり得ません。実際、支出していません。経費のずさんな使用などと誹謗されるいわれはありません。研究費や公費の使用に厳正さが強く求められる現在、事実無根の「不正」疑惑をかぶせられることは、研究者として大きな憤りを禁じえません。

――科研費制度は研究者しか知らないので、杉田議員も不勉強で無責任な発言を繰り返しています。

岡野――杉田議員は「反日」というレッテルを多用し、「国益を損ねる」研究に科研費を助成することは問題であると繰り返しました。自らの偏った価値観から「国益」とは何かを決め付けること自体問題です。それを理由に学問研究に干渉・介入することは、学問の自由を保障する民主主義国家において許されません。杉田議員の発言は私たちのみならず、学問の自由・学術研究の発展に対する攻撃です。将来にわたる学問の自由への介入の理由づけに利用されることが予想されるので、それを阻止するために提訴に至りました。学問の自由は憲法第二三条に「学問の自由は、これを保障する。」と書いてあるだけですが、第一に個人の人格権のレベルでの研究・発表・教育の自由を含みます。他方で学問研究の社会的役割に基づいて、学術研究の制度的保障があると言われています。杉田議員はその両方を貶めた訳です。

繰り返された名誉毀損

――裁判での争点はどのように組み立てられましたか。

岡野――科研費問題を裁判で争うには法律上の障壁もありました。結局、名誉毀損裁判にしたのですが、そうなると法律上の名誉毀損概念の解釈が主要な争点になります。「この事実が問題なんだ」と主張しても、それを既存の法律の枠組みにはめ込んで解釈しないといけません。杉田議員の不法行為を私たちが立証しなくてはなりません。例えば杉田議員は、ねつ造である、研究費を流用している、嘲笑すべき内容であるなど、事実に反する非難をしました。

私たちは二〇一六年二月二七日にシンポジウム「出会う、つながるフェミニズム」を開催しました。研究目的であるフェミニズム視点からのジェンダー平等を進めるためで、さまざまな社会運動の現場で活動する女性たちに、フェミニズムの観点からその活動を振り返り整理する場を提供し、運動の新たな社会的意味を見いだし、ジェンダー平等への途に位置づけ、理論的に考察しました。杉田議員は、このシンポジウムはフェミニズムと関係ない活動家支援に科研費を流用している等の発言を繰り返したのです。

――動画『「慰安婦」問題は #MeToo だ！――性暴力 No！で手をつなごう』も誹謗されました。

岡野――科研助成期間終了後の二〇一八年五月、この動画を制作しました。当然、動画制作に科研費を使用していません。科研費は私たち原告の所属大学が管理しており、科研助成期間終了後の支出は制度としてもありえません。それにもかかわらず杉田議員は、助成期間終了後に私たちが科研費を使ったかのような発言を繰り返しました。

――ろくに調べずに勝手に決めつけるのが杉田議員のやり方です。

岡野――研究内容についての誹謗も酷かったです。「慰安婦」問題は国連女性差別撤廃委員会や人種差別撤廃委員会等において、解決されるべき人権問題として日本政府に夥しい勧告が出されています。日本政府も一定の範囲ですが事実を認めています。

ところが杉田議員は「ねつ造はダメです。慰安婦問題は女性の人権問題ではありません。」「『慰安婦は強姦された』これはねつ造です。」と繰り返します。杉田議員は私たちに対しツイッター上で計一二回にも及ぶ名誉毀損行為を行いました。杉田議員のツイッターには二〇一九年二月現在、約一二万人のフォロワーがいました。誰もがインターネット上で閲覧できるうえ、ツイッター利用者がリツイートすることによっても拡散されます。

――インターネットＴＶによる名誉毀損もあったそうですね。

岡野――櫻井よし子氏が開設した、週一回放映のインターネットテレビ「言論テレビ」があります。その生放送はYouTube Liveから配信され、無料で視聴できます。YouTubeの言論テレビのチャンネル登録者数は二〇一九年二月現在約五万五〇〇〇人です。杉田議員は番組名「君の一歩が朝（あした）を変える！」に出演し、私たちに対し名誉毀損行為を繰り返しました（二〇一八年三月一六日、四月二〇日、五月一八日等）。

二　一審・京都地裁判決

――二〇二二年五月二三日の京都地裁判決は名誉毀損の成立を否定、損害賠償を認めませんでした。

岡野――学術研究とは何かをまったく理解していない判決が出されたことに驚くとともに、心底落胆しました。一人の研究者として、一部に流布する俗説とは異なる研究上の見解を示したことに対して、その俗説を信じる者から「結論ありき」と断定されました。不特定多数の人たちに流布されることで、研究者としての名誉と尊厳をいかに傷つけられたか。研究論文がただの紙切れのごとく扱われることが、潜在的な読者の広がりを妨害する行為であると理解できない裁判官がいることに不思議な思いをします。

――名誉毀損事件では事実の摘示か、それとも論評（意見表明）かが判断の分かれ目になりますが、裁判所は「事実か論評か」を恣意的に判断してきました。結論ありきで、結論に合わせて「論評だから名誉毀損ではない」という道筋を用意してきました。とはいえ一定の法律論を踏まえていたはずなのですが。

岡野――同じ「慰安婦」問題に関連して、植村隆さん（元朝日新聞記者、元週刊金曜日発行人）に対する名誉毀損や、吉見義明さん（中央大学名誉教授）に対する名誉毀損が、裁判所によって正当化されたので、私たちも深刻に受け止めていました。

――判決が「結論ありき」になるのは珍しくはありません。そうは言っても、普通の裁判官ならもう少しまともな判決理由を示す努力をします。

岡野――研究者が執筆した論考に対して「結論ありきで、研究ではない」という見解を流布され、研究者としてこれ以上ない侮蔑を受けた訳です。しかし判決は杉田議員が「結論ありき」と述べた内容をあえて無視して、「結論ありき」の一般的用法を持ち出して、杉田議員発言は「強く言い過ぎた」だけで、特に私の評価を下げたとは言えないとしました。なぜ判決はそこまで杉田議員の意図を付度するのか理解できません。

――杉田水脈は単なる表現者ではなく与党議員です。その立場を利用して情報収集し、立場を利用して情報発信している。

岡野――杉田議員は与党の政治家であり、SNSで多数のフォロワーがいます。櫻井よしこ氏という、民放テレビ番組にレギュラー出演するほどの影響力をもつ「ジャーナリスト」の動画テレビ番組に出て、誹謗中傷を繰り返しました。これに対して私は反論するすべを持ちません。研究論文で反論しても基本的に研究者のコミュニティにしか届かないからです。杉田発言がどれほどの影響力をもつかについて専門家の意見書を提出しました。判決はそれらに一切言及していません。判決文はこういう言い方もします。私が最初に「慰安婦」についての論文を研究雑誌に公刊したのは一九九七年です。四半世紀にわたり研究を続けてきましたから、それなりに研究の蓄積がありますが、判決はそれを逆用します。研究者でもない杉田議員に「結論ありき」と評されたとしても、私の「人格的価値に対する社会的評価を低下させるものとは認められない」と。杉田議員の言いたい放題を免罪する判決です。

研究者の社会的評価

――二〇二二年五月二三日の京都地裁判決は、レイシストの杉田水脈議員による名誉毀損の成立を否定しました。名誉毀損の法律判断がこれまでの判例といささか異なるような印象を受けましたが、同時に、判決が学問の自由について理解していないことが顕著でした。「研究者としての社会的評価」には言及がありません。

岡野――憲法論として詰めた議論をしてほしいのですが、憲法第一三条の人格権の保障に基づいて、すべての人に名誉の尊重が保障されなければなりません。その前提を踏まえた上で、学術研究に携わる者について憲法第二三条はどのような保障をしているでしょうか。「学問の自由は、これを保障する」という短い憲法第二三条ですが、個人として学問を自由に追求できることだけではなく、そのための制度的保障としての大学の自治、さらには学問成果に基づいて教授の自由が保障されています。教育の自由や教育権と重ね合わせて幅広く重要な権利と考えられています。

「ねつ造した」とか、科研費を不正使用したとか、嘘の非難を浴びせられました。誰であれ、どのような対象・文脈であれ、その人の社会的評価を低下させるものです。しかし、特に研究者にとっては、それらの言葉は研究者生命を危うくする深刻な暴言です。過去においてはＳＴＡＰ細胞や考古学的「発見」の事例がすぐに思い浮かぶように、研究にねつ造があれば、即座にポストを追われ、学界から追放されるのは当然です。科研費の不正使用が発覚すると、その研究費の返還義務が生じるだけでなく、所属大学にも重いペナルティが課されます。本人だけで済む話ではありません。研究者にとってはこれらの言葉は、たんなる悪口、行き過ぎた表現、ではとどまりません。この点は専門家の意見書を提出して、裁判所に明快な判断を期待しました。ところが、判決はこの点に言及していません。判決は「社会的評価を低下させるものではない」の一般論を繰り返すばかりです。

――本件は、現職国会議員がその立場や信用性を利用して、捏造だの不正使用だのと虚偽の主張を流布した事案です。これで「社会的評価が下がらない」のなら、研究者の社会的評価とは何なのか。

岡野――研究者の特権を主張していると誤解される恐れがあるので付言しておきますが、学問研究に携わる者には、それ相応の責任があります。通常は「倫理」と呼ばれる事柄です。研究論文で言えば、剽窃・盗用しない、捏造しないなどというのは前提の前提です。先行研究を踏まえる、出典を明示する、オリジナリティを担保する等の倫理は必須の遵守事項です。医学生理学はもとより、どの研究分野でも人間の尊厳を配慮し、他者の人権を侵害しないことが求められます。誰であっても遵守すべき事項ですが、特に専門性の高い研究者には自ずとより高いハードルが課せられます。研究が捏造だ、研究費を不正流用しているなどと、現職の国会議員が虚偽を流布したのに、これで社会的評価が下がらないのなら、何のための研究者倫理なのでしょうか。

――研究者の社会的評価には二つの視点が必要です。一つは研究者コミュニティ、つまり学界における社会的評価です。もう一つは学界を超えた一般社会での社会的評価です。杉田議員は後者の点で原告の社会的評価を下げることを目的に、その通りの虚偽発言をしたのが事実でしょう。ところで、もし訴えたのが男性研究者であれば、どうだっただろうかと考えたくもなります。

岡野――裁判官は、男性研究者の「研究者」としての名誉に一切考慮しないという暴挙をしたでしょうか。私たち原告が全員女性で、女性差別やセクシュアリティをテーマとして研究していることが、裁判官たちにとっては、学問の名に値しないくだらないものとして映っていたのではないかと推測したくなります。判決は、私たちには「研究者としての名誉」がまったく無いかのように書かれています。男性研究者であれば、少なくとも「研究者としての名誉」は認められたのではないかと、考え込んでしまいました。

学術研究の自由保障

――二〇二〇年九月、菅義偉政権による政治介入により、学術会議任命問題が起きました。

岡野――学術研究への政権による圧力や介入は徐々に進んできた面もあります。特に防衛省関連の膨大な軍事予算を餌に科学研究者を軍事研究に引きずり込んできたのが現状です。人文社会科学領域は研究費が相対的に少ないとはいえ、もともと少ない予算が減ってきていますから、研究者にとっても重大関心です。そうした状況で、政権による介入で学術会議の在り方が捻じ曲げられ、学術研究が政治に支配されるのは健全ではありません。

――学術会議任命拒否では、直接の友人たちがターゲットにされたことでショックも大きかった。

岡野――そうですね。人文社会科学分野が標的とされたこともあって、長年の知り合いである研究者が任命拒否されました。ショックも大きかったし、怒りも抑えきれませんでした。この国における人文社会科学研究の意義と課題を考え直す機会になりました。

チュービンゲン大学からメッセージ

――ドイツのチュービンゲン大学の研究者たちから応援メッセージが届いたそうですね。学問の自由に対する侵害を許さないという国際的な関心が寄せられたのは重要なことだと思います。学問の自由をめぐる従来の議論は国内に閉ざされがちだったかなと反省する材料にもなります。

岡野――チュービンゲン大学のジェンダーとダイバーシティ研究所と、同志社大学フェミニスト・ジェンダー・セクシュアリティ研究センター（FGSS）は、二〇二一年から定期的に学問的交流をしています。ドイツと日本におけるフェミニストやジェンダーの視点からの研究の状況を比較し、学問的にも実践的にも交流を実現しています。「ジェンダー平等社会の実現に資する研究と運動の架橋とネットワーキング」科研研究プロジェクトでは日本軍「慰安婦」問題の歴史や論争に関する研究を重視してきました。世界中の日本研究において、戦時中の強制的な性労働とそれに関する歴史修正主義は重要な研究課題であり、同プロジェクトで発表された論文等は研究への大きな貢献になります。「慰安婦」問題だけでなく、世界のあらゆる地域・時代における「戦時における女性に対する暴力」、「強制的な性労働」を調査研究することは様々な学科、特に歴史学、政治学、ジェンダー研究に大きな成果をもたらしています。

――国際的かつ学際的な共同研究によって「慰安婦」問題を多面的に考察する営みは、やはり学問の自由なしには実現できません。応援メッセージは、その研究自体がさらに学問の自由を発展させる、良い事例として記録されることになります。

三　控訴審・大阪高裁判決

――控訴審の闘いをご紹介願います。

岡野――杉田議員による名誉毀損の成立を否定した一審判決の論理を批判的に検証する控訴理由書や準備書面を提出しました。研究内容を「ねつ造」と非難したことが私たち研究者の社会的評価を低下させたことがポイントです。名誉毀損の法的判断では、違法性について、①公共の利害にかかる事実、②公益目的、③真実性、④真実相当性といったハードルがあります。そのいずれも満たしていないので名誉毀損が成立しますが、特に真実性の箇所が重要です。

杉田議員は「慰安婦」の歴史的事実を否定して、私たちの研究を「ねつ造」と批判しています。つまり、「慰安婦問題はねつ造」という主張と「原告である研究者の研究がねつ造」という主張が混在している印象があります。いずれにしても虚偽の主張です。そのことを明確に示すために、日本の裁判所における「慰安婦」問題訴訟の裁判記録を読み返して、裁判所による事実認定や、証拠に示された事実を再確認しました。具体的には、①韓国の金学順さんたちの訴訟、②関釜訴訟、③在日朝鮮人として唯一提訴した宋神道さん訴訟、④オランダ女性「慰安婦」訴訟、⑤中国人「慰安婦」第一次訴訟、⑥山西省「慰安婦」訴訟、⑦海南島「慰安婦」訴訟における訴訟記録を検証し、被害事実に関する証言や、裁判所の認定事実を四〇頁に及ぶ資料にまとめて、裁判所に提出しました。

――関釜訴訟の一審・下関地裁判決（一九九八年四月二七日）は「この従軍慰安婦制度が、原告らの主張するとおり、徹底した女性差別、民族差別思想の現れであり、女性の人格の尊厳を根底から侵し、民族の誇りを踏みにじるものであって、しかも、決して過去の問題ではなく、現在においても克服すべき根源的人権問題である」としたことは特筆されます。

岡野――下関地裁判決は「まさに性奴隷としての慰安婦の姿が如実に窺われる」と指摘して、国の立法不作為について損害賠償を命じました。控訴審で広島高裁判決（二〇〇一年三月二九日）は、損害賠償を取り消してしまいましたが、「慰安婦」の事実については、軍当局や官憲の加担も含めて疑問の余地なく認定しました。「慰安婦」被害女性たちの被害証言も前提事実として認めています。

関釜訴訟だけではなく、どの訴訟でも「慰安婦」の事実、当局の関与、女性たちの被害事実が詳しく認定されました。訴訟以外のさまざまな資料を加えて考察すれば、まさに日本軍性奴隷制としての「慰安婦」制度がアジア太平洋の膨大な地域で展開されたことを確認できます。これほど広範に展開できたのは軍による組織的関与があったからです。日本政府は「慰安婦」問題の法的責任を否定していますが、行われた歴史的事実は認めてきました。私たちの研究成果と大筋では同じ事実を認めたと言ってよいでしょう。杉田議員は、歴史研究も日本政府見解も無視して、歴史否定発言を繰り返しているのです。

逆転勝訴

――二〇二三年五月三〇日、控訴審で大阪高裁判決は杉田議員に賠償支払いを命じました。見事な逆転勝訴です。

岡野――高裁判決は、科研費使用に問題がある、ずさんな経理をしている等の発言を、原告の一人である牟田和恵さんへの名誉毀損にあたる不法行為と認め、慰謝料として三三万円の賠償を杉田議員に命じました。京都地裁の不当な判決を覆す画期的な判断でした。現今の政治状況で、最近まで閣内にいた人間を「負けさせる」のは裁判官にとってリスクを伴う行為のはずで、無茶な理屈をこしらえてまで杉田側に忖度したとしか思えない地裁判決を覆した大阪高裁に敬意を表したいです。

大阪高裁判決は、重要な点で杉田議員の不法行為を認めた非常に意義のある判決であると同時に、少なからぬ点で私たちの訴えを理解することなく切り捨てた問題含みの残念な判決です。

私たち原告は、正しい判決を求めて最高裁に上告する可能性も検討しましたが、そもそも最高裁の審理対象は憲法判断などに限定されていますから、私たちの主張が再審理されることは期待できません。それよりもむしろ研究者として広く社会に向けた言論によって高裁判決の不十分さやおかしさを発信していくことに努力するほうがより効果的ではないかと判断した次第です。

近代法と女性

——最後になりますが、岡野さんは最近『ケアの倫理』(岩波新書)において、近代の政治思想が男性中心主義に基づいて、女性を「排除」して構成され、現代において徐々に女性の視点を取り入れてきたと指摘しつつ、それすらも再編されて女性を操作の対象にしてきたこと、それは単なる「排除」ではないことにも注意を促しています。

岡野——二〇二三年に雑誌『世界』の四月号で、カナダの政治思想家、ジェニファー・ネデルスキーの議論を紹介しました。彼女は、女性や子どもに対する暴力を真に問題視するのなら、社会全体に浸透する差別問題を変革する必要があることを明らかにしました。男女の関係性そのものを俎上に載せています。そのために、法律が果たす社会的役割を個々の暴力事件に対する公権力の介入としてのみとらえるのではなく、法・権利に訴える女性たちが、自己をどうとらえ直していくかというアイデンティティの構築過程における法・権利の役割にも注目しています。つまり、女性は一方で排除されつつも、法の支配下に置かれ、女性の意識にも法が圧倒的な影響を及ぼしています。主に政治・経済領域から排除され、他方でそのアイデンティティを強固に家族領域に結び付けられてきました。女性は法外に置かれつつ、法律に取り憑かれてきたのです。二一世紀のフェミニズム理論は、より暴力的でない、より平等な社会を構想するために、法律そのものの在り方の転換を図る必要があります。立法だけでなく、行政や司法も含めて現代法総体の換質を要します。その羅針盤を用意するのがケアと正義の関係性をめぐる思考の練り直しだと考えています。

〈お薦めの著書3冊〉

①芦名定道他『学問と政治——学術会議任命拒否問題とは何か』（岩波新書、二〇二二年）

②『女性・戦争・人権』第22号（二〇二三年）

③岡野八代『ケアの倫理』（岩波新書、二〇二四年）

第一〇章　被疑者の未決拘禁における人権侵害

豊崎七絵

一　日本型冤罪

——死刑再審無罪四事件（免田、財田川、松山、島田）をはじめ、冤罪問題が問われてきましたが、二〇二四年九月二六日、袴田事件の再審公判で無罪判決が言い渡され、同年一〇月九日、静岡地検は上訴権を放棄、ついに無罪が確定しました。

豊崎——袴田事件が入って死刑再審無罪五事件となりました。免田、財田川、松山、島田の各事件は、捜査機関の見込みに基づく違法・不当な身体拘束が行われ、その身体拘束下で精神的・肉体的苦痛を伴う強制的な取調べによって虚偽の自白調書が作られたにもかかわらず、裁判所は自白を重視して死刑判決を言い渡したという点で共通しています。袴田事件でも本当に酷い取調べによって虚偽の自白調書が作られました。

袴田事件再審無罪判決は、被告人が犯人であることを推認させる証拠価値のある証拠には三つのねつ造があり、これらを排除した他の証拠では被告人を犯人であるとは認められないとしました。ねつ造と認められたのは、①被告人が犯行を自白した検察官調書（黙秘権を実質的侵害し、虚偽自白を誘発するおそれの極めて高い状況下で、捜査機関の連携により、肉体的・精神的苦痛を与えて供述を強制する非人道的な取調べによって獲得され、犯行着衣等に対する虚偽の内容を含むものであるから、実質的に捜査機関によってねつ造された）、②犯行着衣とされた五点の衣類（本件犯行とは無関係に、捜査機関によって血痕を付けるなどの加工がされ、タンク内に隠匿された）、③五点の衣類のうち鉄紺色ズボンの共布とされる端切れ（捜査機関によってねつ造された）です（以上、丸括弧内は無罪判決による認定）。

②③のような物証（客観的証拠）にまで捜査機関が手を加えたことについては驚かれるかもしれませんが、見込みを根拠づけるために強引に行われる違法な捜査の一環であり、強制的な取調べと陸続きの問題であるというべきです。この意味で、袴田事件再審無罪判決が、②③のねつ造を認めるとともに、①の自白調書についても、強制的な取調べの違法性を指摘するにとどまらず、「実質的に捜査機関によってねつ造された」と痛烈に批判したのは高く評価されます。

袴田事件に続き、検察が異議申立てを断念することによって再審が開始されることになった福井女子中学生殺人事件についても、再審開始決定（二〇二四年一〇月二三日）は、検察官が、確定審において、関係者供述と矛盾する客観的事実を把握しながら、これを明らかにしないばかりか、客観的事実に反することを関係者供述の「裏付けとしてぬけぬけと主張し続けている」と認定し、「不誠実で罪深い不正の所為といわざるを得ず、適正手続確保の観点からして、到底容認することはできない」と厳しく批判しています。また警察官が、関係者から供述を引き出すために「不当な利益供与」を行い、さらに関係者同士の口裏合わせに立ち会ったり、関係者の供述調書を他の関係者に見せてその供述内容を伝えたりするなどして誘導や追及を行い、「なりふりかまわず供述を得ようとしていた疑いが濃厚である」と指摘しています。

日本の冤罪は、「人間の判断は誤ることがある」といった一般論ではなく、人権侵害的な捜査が公判で無批判に引き継がれるという、日本刑事司法の構造的問題として捉えられるべきです。人権侵害ひいては冤罪の防止に向けた改革は進まない状況が続いており、冤罪に泣く人は後を絶ちません。最近注目された事件の一つに大川原化工機事件（以下「大川原事件」といいます）があります。

二　大川原化工機事件に見る刑事司法

大川原事件の顛末

――大川原事件国家賠償請求訴訟一審判決は世間を驚かせました。

豊崎――大川原化工機株式会社（以下「大川原社」といいます）は、液体などを乾燥し粉末にする噴霧乾燥器のメーカーです。この器械は粉ミルクやインスタントコーヒーの作成など様々な用途があるそうです。一定の要件を満たす噴霧乾燥機は兵器転用が可能になるため、輸出する際には経済産業大臣の許可が必要です。その要件を定めているのが、輸出貿易管理令別表第一及び外国為替令別表の規定に基づき貨物又は技術を定める省令（以下「本件省令」といいます）です。

大川原社は二〇一六年六月と二〇一八年二月に噴霧乾燥器（以下「本件噴霧乾燥器」といいます）を輸出しました。同社は、本件噴霧乾燥機について、本件省令が定める要件イ・ロ・ハのうち、要件ハ「定置した状態で内部の滅菌又は殺菌をすることができるもの」（以下「本件要件ハ」といいます）を満たしていないため、外為法等における規制対象物件に該当しないとして、経済産業大臣の許可を受けず輸出を行いました。

しかし警視庁公安部は、二〇一七年五月頃、大川原社による上述二回の輸出（以下「第一事件」と「第二事件」といいます）について、外為法違反の被疑事実で捜査を開始します。警視庁公安部は、二〇一八年一〇月三日、同社及び代表取締役O氏らの自宅を捜索し、パソコン、書類、サーバーコンピューターなどを押収しました。また同日以降、同社の関係者に対する任意の取調べが始まり、O氏、常務取締役のS氏、相談役のA氏のほか、五〇名が取調べに応じました。取調べはO氏が四〇回、S氏が三九回、A氏が一八回で、他の関係者に対するものを併せると合計二九一回に及びました。

――これほど大々的に捜査を行ったので後戻りができなくなったのでしょうか。

豊崎――二〇二〇年三月一一日、警視庁公安部はO氏、S氏、A氏の三名を逮捕します。一三日に東京地裁裁判官は三名を勾留決定及び接見禁止決定をしました。一七日には勾留決定に対する準抗告（不服申立て）が棄却されました。三一日、東京地検検事は三名を外為法違反の事実で起訴しました。四月六日、弁護人は一回目の保釈請求をしましたが、検察官が反対意見を述べ、東京地裁裁判官によって保釈請求は却下されました。更に準抗告も棄却されました。同年五月二六日、三名は再逮捕され、翌六月一五日には追起訴されました。弁護人は六～八月の間に三回保釈の請求をしましたが、いずれも却下されました。

そのような状況でA氏が東京拘置所内で体調を崩します。同年九月二五日には輸血処置を受けるなどしたため、同月二九日、緊急の治療の必要性を理由に保釈請求がなされましたが却下されました。一〇月七日、A氏は東京拘置所内の医師から胃に悪性腫瘍があると診断され、同月一六日、A氏の勾留執行停止が認められ、大学病院を受診し、進行胃がんと診断されました。しかし勾留執行停止状態での入院、手術が受け入れられなかったので、A氏の保釈請求が改めて行われたのですが却下されました。その後A氏は勾留執行停止でも入院、手術の受入れが可能な医療機関を探し、一一月五日に勾留執行停止され、入院しました。しかしA氏は二〇二一年二月七日に胃がんで死去しました。

O氏とS氏の保釈請求は却下され続け、両氏は東京拘置所の中で年を越すことになりました。二〇二一年二月一日、六回目の保釈請求がなされ、同月四日、保釈許可決定が出されました。これに対し検察官は準抗告を申し立てましたが、棄却され、同月五日、両氏は約一一ヶ月ぶりに釈放されました。O氏とS氏の保釈条件にはA氏との接触禁止もあったため、両氏はA氏の最期に立ち会うことができませんでした。

外為法違反で起訴された本件は公判前整理手続に付されました。同年七月一六日、検察官は、弁護側からの証拠開示請求に対し、同年七月中に開示を行う予定であることを明らかにしました。ところが検察官は、同月三〇日、東京地方裁判所に対し、本件噴霧乾燥器が規制対象物件であることの立証が困難であるとして、公訴取消しを申し立てました（刑訴法第二五七条）。これを受けて、東京地方裁判所は、同年八月三日、公訴棄却決定を行い（刑訴法第三三九条一項三号）、裁判は終結しました。

O氏らは外為法違反を犯していないと否認し、また弁護人の助言を受けて黙秘権も行使しましたが、検察官は口裏合わせをするなどの罪証隠滅を図る危険性が高いなどと主張して保釈請求に反対意見を述べ、裁判官も保釈請求を却下するということが繰り返されました。弁護人は犯罪など存在しないので身体拘束を継続すべきでないと主張しましたが認められませんでした。

違法捜査のオンパレード
——国家賠償請求訴訟判決で、捜査の違法性が認定されました。

豊崎——大川原社、O氏、S氏、そしてA氏の遺族が提起した国家賠償請求訴訟において、第一審判決は、①第一事件及び第二事件の逮捕、②第一事件の起訴、③第二事件の勾留請求と起訴、④S

氏に対する任意取調べ、⑤S氏の弁解録取書の作成について、それぞれ違法であると認め、被告の国と東京都に対し賠償を命じました。

①について、警視庁公安部はA氏や大川原社の従業員から本件噴霧乾燥器の測定口は温度が上がりにくい（つまり本件要件ハを満たさない）という供述を聞き取っていたのに再度の温度測定をしなかった、通常要求される捜査を遂行すれば大川原社及びO氏らに嫌疑があるとした判断は合理的な根拠が客観的に欠如していることは明らかで、それにもかかわらず逮捕したことは違法であるとされました。②について、検事は大川原社の従業員が最低温箇所を指摘しているという報告を受けていたのに検証しなかった、通常要求される捜査を遂行すれば本件要件ハの規制対象に当たらない証拠を得ることができたから、有罪が認められる嫌疑があるとした検事の判断は合理的な根拠を欠いているので違法であるとされました。③についても、②と同様、温度の検証を行うことが当然に必要であったといえ、この点の捜査を尽くさずに勾留請求と起訴を行ったのは違法であるとされました。④について、警部補はS氏に対し偽計を用いた取調べを行ったことは違法であるとされました。また⑤について、警部補はS氏を欺罔して、同氏が了解していない内容の記載をした供述調書に署名押印をさせたことは違法であるとされました。

――第一審判決の違法認定は手堅いと言って良いでしょうか。

豊崎――そうですね。とはいえ、冤罪や人権侵害の根本的原因には迫っていないようにみえます。警視庁公安部は、本件噴霧乾燥器は規制対象ではないと考えていた経済産業省を説得するため、有識者から聴取したという報告書を出しましたが、その内容は有識者の考えや発言とは異なるものでした。捜査に関わった警部補が「ねつ造ですね」と証言しています。これらの問題について同判決は触れていません。また同判決は、第一事件の勾留請求について、検事に送付されてきた証拠からすれば必ずしも不合理な判断ではないとして違法といえないとしましたが、捜査をめぐり検事と警視庁公安部のやりとりはあったはずです。

――国と都がこれを不服として控訴しました。

豊崎――第一審判決に対し国と都は控訴しました。しかしまず行うべきは、責任を認めた上での謝罪と検証、再発防止のための改革です。なお国と都の控訴を確認した原告側も控訴しました。控訴審判決が第一審判決よりも踏み込んだ判断を示すか、注目されます。

未決拘禁と人権

――冤罪でなくても、未決拘禁における人権侵害が刑事司法を歪めています。

豊崎――有罪が確定していない人は無罪が推定されますので、普通の社会生活を送ることができるよう、自由が最大限保障されなければならないのです。拘禁も最大限回避されなければならないところが否認や黙秘は被疑者・被告人にとって正当な権利行使であるにもかかわらず、罪証隠滅の危険を推認させるとして、逮捕・勾留されたり、保釈が認められなかったりすることがあります。

大川原事件では、犯罪が存在しない状況で逮捕や勾留に必要な嫌疑（「罪を犯したことを疑うに足りる相当な理由」）をいわばねつ造したことが焦点になっています。ただ仮に相当な嫌疑があったとしても、逃亡や罪証隠滅の危険がないのであれば、あるいはそのような危険が身体拘束よりも権利制約の少ない別の手段（保釈保証金など）によって防止できるのであれば、身体拘束してはなりません。逮捕、勾留、そして保釈の可否について判断した裁判官・裁判所に果たして問題はなかったか、大変気になります。逮捕や勾留を請求したり保釈に反対意見を述べたりするのは捜査や訴追を担う警察・検察ですが、判断するのは裁判官・裁判所です。O氏らの否認や黙秘について罪証隠滅の危険と不当に結び付けていなかったか、検証しなければなりません。

また体調を崩したA氏について、悪性腫瘍であることが判明した後に勾留執行停止は認められたものの、罪証隠滅の危険を理由に最後まで保釈が認められなかったことも問題です。早く身体拘束が解かれていれば、早期の診断・治療も可能だったはずです。

――被疑者取調べの問題点を整理していただけますか。

豊崎――日本の刑事訴訟法は、取調べ目的の身体拘束を認めていません。身体拘束は逃亡もしくは罪証隠滅の防止のために行われるとされています。しかし被疑者・被告人が黙秘したり否認したりすると、罪証隠滅の危険を推測させるものとされ、逮捕・勾留されたり、保釈が認められなかったり、接見禁止になったりしがちです。捜査実務は、逮捕・勾留された被疑者には取調べ受忍義務があるという立場に立っています。逮捕や起訴前勾留されると、取調べ拒否権はなく、取調室に出頭・滞留して取調べを受けなければならないというのです。なるほど実務においても、被疑者に黙秘権が保障されていることについて（少なくともタテマエとしては）否定されていませんが、取調べ拒否権と黙秘権は別物であるとされます。取調べを受ける義務はあるが、供述義務はないので、黙秘することはできるから黙秘権侵害ではないというのです。しかし警察の代用監獄（代用刑事施設）に収容されながら取調べ受忍義務を課された取調べを受けて、意のままに黙秘を貫くのは大変難しいことです。取調べの録音・録画制度の導入後、黙秘するケースも増えているといいますが、盤石ではありません。そもそも取調べ受忍義務を課すこと自体、被疑者を取調べの客体とみなすものであり、当事者としての主体性を軽んずるものです。

三　日本型冤罪の原因と改善勧告

――戦前の冤罪も数多くありましたが、現憲法の下でも、死刑再審無罪五事件（免田・財田川・松山・島田・袴田）をはじめ多数の雪冤の闘いがありました。

豊崎――雪冤の闘いのなかで、冤罪の原因についても検討が進められてきました。裁判所による証拠評価の誤りに加え、そもそも証拠自体が捜査機関の見込み（見立て）に合うように捜査の過程で歪められてしまうという問題があります。証拠の中でも、人の供述の場合、捜査機関は、対象者に積極的に働きかけることによって、見込みに合う供述を獲得しようとします。たとえば目撃者の場合、単独面通し（被疑者ひとりだけを見せて犯人かどうか確認させる方法）を行ったり、捜査で得られた情報を事前に教えてしまったり、誘導的な手法がとられることがあります。また捜査機関が目撃者の弱みを握ったり囲い込んだりしてコントロールすることもあります。

他方で被疑者の場合、その自白は犯罪事実の直接証拠となるので、捜査機関としては何よりも獲得したい証拠です。しかし自白は、被疑者本人にとっては不利益供述ですから、目撃者のような第三者とは質的に異なる圧力をかけなければ獲得できないという捜査機関の「経験則」があります。拘禁（逮捕・勾留）されていない被疑者に対しては、タテマエは「任意取調べ」の名の下、特に重大事件においては長時間の取調べや宿泊を伴う取調べが行われることがあります。拘禁されている被疑者に対しては、先にお話した通り、そもそも取調べ拒否権を認めないばかりか、代用監獄としての警察留置場に拘禁してしまいます。取調べ室においても、また生活の場である拘禁場所においても、二四時間、警察に管理されることになるのです。

警察留置場の実態

——警察留置場における拘禁と取調べは、冤罪の温床として批判を受けてきました。冤罪被害者や救援団体が声を挙げ、弁護士会や刑事法研究者が取り組んできました。

豊崎——被疑者を拘禁するための本来的な場所は、監獄——現行法である刑事収容施設及び被収容者等の処遇に関する法律の用語でいえば「刑事施設」——である拘置所です。警察留置場はその代用的な施設にすぎません。したがって警察留置場における拘禁は例外的でなければなりません。実際は全く逆で、多くの被疑者が代用監獄としての警察留置場で拘禁されています。警察は、取調べをはじめとする「捜査の便宜」上、代用監獄の存続が必要であることを主張してきました。また、処遇に関することは留置担当官が行い、捜査員は関与せず、また取調べ等の捜査活動は留置施設の外で行われるという、「捜査と留置の分離」の下、警察の手元で拘禁することによる自白強要等の違法な捜査という批判は当てはまらないというスタンスをとっています。

ところが「捜査と留置の分離」が導入されたという一九八〇年以降も、たびたび、代用監獄は冤罪の原因として批判されています。たとえば二〇〇八年三月五日に言い渡された引野口事件第一審無罪判決（確定）は、警察が「同房者を通じて捜査情報を得る目的で、意図的に（被告人と同房者の――引用者注）二人を同房状態にするために代用監獄を利用したものということができ、代用監獄への身柄拘束を捜査に利用したとの誹りを免れない」とし、「同房者を介して捜査機関による取調べを受けさせられていたのと同様の状況に置かれていたということができ、本来取調べとは区別されるべき房内での身柄留置が犯罪捜査のために濫用されていたといわざるを得ない」、と批判しています。

また、裁判員裁判で言い渡された無期懲役刑が確定したものの冤罪を訴えている今市事件では、別件での勾留で警察留置場に収容されていた被疑者が作成・送付した母親宛の手紙について、控訴審判決は本件殺人を犯したことを母親に謝罪する手紙であると認定したうえで、有罪の決め手としました。しかし冤罪の主張において、この手紙は、留置担当官に書き直しを命じられ、言われるがまま書いたものであるというのです。これは、留置担当官により留置場で自白を内容とする書面を書かされていたことを意味するもので、「捜査と留置の分離」に対する疑念を生じさせます。

国際的な改善勧告

――代用監獄について、国際人権機関から数多くの改善勧告が続きました。最初は一九八〇年代に国際的人権ＮＧＯの指摘によって問題が浮上しました。市民的政治的権利に関する国際規約に基づく人権委員会（国際自由権規約委員会［ＩＣＣＰＲ―ＨＲＣ］）、国連拷問禁止委員会（ＣＡＴ）、国連人権理事会普遍的定期的審査（ＵＰＲ）などの国連人権機関から次々と勧告が出ました。

豊崎――二〇〇七年五月、ＣＡＴの第一回政府報告審査・最終所見は代用監獄に対する深刻な懸念を表明し、さらに二〇一三年五月、ＣＡＴの第二回政府報告審査・最終所見は代用監獄の廃止を含めた検討を勧告するものでした。ＵＰＲやＩＣＣＰＲ―ＨＲＣの政府報告審査・最終見解においても改善勧告が続いています。ただ直近の二〇二二年一〇月のＩＣＣＰＲ―ＨＲＣ第七回政府報告審査・総括所見においては、代用監獄への懸念を示す直接的な言及がありません。国内での議論状況を反映しているのかもしれません。

――警察は留置場の利用を手放すことなく今日に至り、代用監獄批判の声は国内でも下火になった印象があります。国連人権勧告に対する日本政府の対応はいかがでしょうか。

豊崎――日本政府は、代用監獄について「捜査の便宜」、「捜査と留置の分離」、留置施設視察委員会の設置、刑事施設増設の困難性といった点に加え、被疑者と弁護人、家族等との面会の便にも資するものとして運用されているから、その廃止は現実的ではないと回答しています。実際、弁護人を務める弁護士も、留置場の方が近いし、夜間や早朝でも接見できることをメリットと考えるようです。たしかに接見の時間帯に制限がないことは一見メリットかもしれませんが、取調べの時間帯にも制限がないことによる副産物にすぎません。取調べをはじめとする被疑者の身体を要する捜査について時間帯の制限がないことや取調べ受忍義務とも相俟って、夜間や早朝でも取調べなどの捜査が可能です。「捜査と留置の分離」と言うならば、留置担当官は被疑者の日課遵守や健康管理のためそのような取調べなどの捜査を阻止する権限と義務を持ち、捜査員はこれに従わなければならないとすべきですが、そうではないわけです。

四　留置施設収容中に死亡した事案

――警察留置場での拘禁には見過ごせない構造的問題があります。人間を身体拘束して収容する施設の在り方が問われています。豊崎さんは留置施設における「拷問」死の調査をしてきました。

豊崎――警察留置場での拘禁の実態は大変見えにくいので、主に報道ベースではあるのですが、留置施設収容中に死亡した事案について調べています。国会でもこの問題が追及され、一〇年間の死亡者数が明らかにされました。二〇一三年は一六人、二〇一四年は二五人、二〇一五年は二九人、二〇一六年は二八人、二〇一七年は二五人、二〇一八年は二七人、二〇一九年は二〇人、二〇二〇年は一八人、二〇二一年は二三人、二〇二二年は二七人です。先に取り上げました大川原事件のA

氏死去については留置施設内の死亡ではないのですが、約四ヶ月間も警察留置場で拘禁され続けた後、拘置所で体調を崩したという経緯があります。なお自殺（二〇一九年は二人、二〇二〇年は二人、二〇二一年は三人、二〇二二年は七人）であっても、ネグレクトを含む虐待や警察による虚偽報告等の不正があった事案については、本人の問題では済まされず、「拷問」死と共通する問題があるというべきです。

留置施設収容者が、疾病（精神的疾患を含む）、障害特性、外国籍等の事情を有するものの、かかる事情に即した医療的な措置、ケア、配慮が行われないばかりか、積極的に危害が加えられることすらあります。

なかでも酷いのは、愛知県警岡崎署留置場事件です。二〇二二年一一月二五日に公務執行妨害罪で逮捕された男性は、統合失調症を患っており障害者手帳二級も持っていました。言動がおかしいと通報されて、駆け付けた警察官に金属の棒を振り回したとして現行犯逮捕されたのですが、男性に対しやむを得ず強制の手段を用いざるを得なかったとしても、逮捕ではなくせめて保護を選択すべきで、いずれにしても早急に保健福祉機関に繋ぐべきでした。しかし警察は、同月二八日、男性に対し保護室収容・両腕ベルト手錠拘束・両足補縄拘束を開始、一二月四日午前四時三五分頃、男性は息をしていない状態で発見され、約一時間後、搬送先の病院で死亡が確認されました。保護室収容は一一月二八日から一二月四日、戒具による身体拘束は延べ一四四時間に及ぶものでした。警察官は、男性を保護室に収容する際、医師の意見聴取をしないまま、報告書に「医師から意見を聴いた」などと虚偽記載していました。男性は戒具の一時解除の際に食事をとっただけで、一二月四日に発見されるまで一一四時間一度も食事を取らず、水分もほとんど取っておらず、搬送時に脱水症状を起こしていました。警察は、男性を裸で寝転がし、排泄物も垂れ流しで放置し、男性を蹴る、ベルト手錠を持って引きずるなどの暴行を加え、男性の後頭部が便器に入った状態で水を流し、持病の薬も与えず受診もさせず、男性が寝転がっている床に水を流すといった、酷い拷問を加えました。また署長は一度も巡視することがありませんでした。

――いまだにこのような事件が起きていることには驚き、呆れるしかありません。

豊崎――この事件は、留置担当官といっても結局警察官である彼らは、処遇のプロにはなり得ず、そのような者が処遇に携わること自体、およそ不適格であることを示すものです。また公務執行妨害で現行犯逮捕という事案であることに加え、保護室収容・戒具拘束が続いたという経過ですので、男性に対しまともに取調べを行うこともなかったと思われます。つまり警察にとって、男性は代用監獄で「生かさず殺さず」の処遇をしながら取り調べて供述（自白）を採取する対象ではなく、暴れて手に負えず捜査の役にも立たない厄介者として「拷問」死させられてしまったのではないでしょうか。留置施設視察委員会が機能していないことも明らかになりました。

この事件では、業務上過失致死罪で略式起訴された留置主任官であった元警部は罰金八〇万円の略式命令を受けましたが、元警部の特別公務員暴行陵虐などの罪や他の署員八名はすべて不起訴とされ、検察審査会も「不起訴相当」と議決してしまいました。二〇二四年一〇月一二日、死亡した男性の父親が県に対し賠償を求め、名古屋地裁に提訴しました。なぜこのような事件が起こってしまったか、どうすれば再発を防止できるか、検証が求められます。

改革の課題

――留置施設被収容者の死亡に関する法令・通達とその不備も明らかになってきました。

豊崎――留置施設での死因の解明について、特化した法律がありません。死因の解明にあたり、同じ施設の警察署長や司法警察員の関与が法律上排除されていません（通達での対応）。司法検視は、実務上、ほとんど司法警察員による代行検視によるため、留置施設の場合のみ「検察官による検視」（通達での対応）が行われるといっても、そもそも検察官には検視のスキルがありません。さらに、検査や解剖が義務化されていないことも問題です。「遺族等」に対する死亡の原因及び日時の通知の義務については、刑事収容施設及び被収容者等の処遇に関する法律第二三九条で定められていますす。しかし死因解明の不備と相俟って、死亡の原因について不十分な内容にとどまることが懸念されます。

――警察拘禁固有の構造的問題を明らかにすることによって、代用監獄廃止の必要性を明らかにすることが求められています。身体拘束された人の生命と人権を最低限守る必要があります。

豊崎――代用監獄については警察による自白獲得目的が中心的に批判されてきました。しかし、愛知県警岡崎署留置場事件のような、このような目的とはいえない「拷問」死も視野に入れながら、警察拘禁固有の構造的問題を明らかにすることによって、代用監獄廃止の必要性を論証してゆくことが今後の課題です。

〈お薦めの著書3冊〉

② 青柳雄介『袴田事件――神になるしかなかった男の58年』(文春新書、二〇二四年)

② 高野隆『人質司法』(角川新書、二〇二一年)

③ 前田朗『黙秘権と取調拒否権――刑事訴訟における主体性』(三一書房、二〇一六年)

第一一章　刑事施設被収容者の人権を考える

金澤真理

一　名古屋刑務所事件

――二〇二一年一一月～二二年九月にかけて名古屋刑務所の刑務官二二人が三人の受刑者に対して、顔や手を叩いたり、顔にアルコールスプレーを噴射したりするなどの暴行や不適切な処遇を繰り返していたということです。二四年四月に一三人が書類送検となりました。

金澤――二〇二二年八月に怪我をした受刑者に理由を尋ねたところ、職員に暴力を振るわれたという回答があり、調査を進めた結果、不適切な実力行使が一〇七件、不適切な処遇の疑いに至っては三五五件が報告されたというものです。法務省矯正局の西岡慎介参事官（当時）は、関係者や被害にあった受刑者に謝罪したうえで「職員の人権意識の欠如があった」と述べました。原因究明のため「有識者」による第三者委員会の調査が始まりました。

――かつて二〇〇一年に名古屋刑務所事件が起きました。刑務官が下着を下ろさせた受刑者の肛門に向け、消化栓に消防用ホースをつないで直接放水したことによって、傷害を負わせ直腸破裂で一名の受刑者を死亡させ、別の一名に開腹手術を要する傷害を負わせた事件でした。

金澤——今回と同一施設における暴行、不適切処遇事件の判明により、二〇〇一年の特別公務員暴行陵虐致死事件の教訓がまるで活かされていないとの批判が各方面から寄せられました。法務省は、背景を含んだ原因分析と再発防止をはかるため、第三者委員会を設け、二〇二三年六月二一日までに一一回の会議で議論を重ね、提言書が出されました。今回の（二〇二二年に判明した）事案では加害行為を行ったとされる者の多くが採用三年未満の経験の浅い者であり、コロナ禍による研修の不徹底等も要因であるとの見方が示され（上記提言書のほか浜井浩一『季刊刑事弁護』一一四号一四三頁以下も参照）、感染防止に配慮しながらも教育啓発の必要性が示唆されています。

——被収容者の人権という観点では、はたして名古屋刑務所に特有の事件なのか、それとも日本の刑事施設全体の問題なのかが気になります。

金澤——この点については様々な見方があり、以前の事件を受けた法改正の重要性が「組織内に浸透していなかった」と、暴力を容認する気風が改まらなかったとする見方（毎日新聞二〇二二年一二月一七日における海渡雄一弁護士のコメント）があります。事実どうであったか、二〇〇一年の事件を受けた行刑改革の課題が解決されないまま残っていたのか、大規模刑務所としての名古屋刑務所の運用の問題なのか、あるいはまたコロナ禍における特殊な事情が作用したのかという幾つかの観点からの考察が必要と考えられます。

二　刑事収容施設の基本問題

――刑事収容施設は一般市民にとって遠い存在です。ジャーナリストの多くにとっても刑事施設がどういう場所であるかはわかりにくいかもしれません。

金澤――日本の刑事施設には、刑務所、少年刑務所及び拘置所があります。また、刑務所、少年刑務所、拘置所には支所が設けられることになっています。二〇二四年四月現在の施設数は刑務所五九、少年刑務所七、拘置所八、刑務支所八、拘置支所九二となっています。支所は刑事施設を構成する要素であり、独立した施設ではないとされていますが、（法務省矯正局のウェブサイト等の）施設一覧表には本所と同列に掲載され、しばしばその合計が日本の刑事施設数として発表されています。

――実際に収容されている受刑者数はどのくらいでしょうか。

金澤――刑事施設では収容人員につき、時期を定めて数値をはかり、統計を作成しています。一般的なのは年末収容人員であり、矯正統計年報の「刑事施設年末収容人員」によると、二〇一九年は四八、四二九人、二〇二〇年は四六、五二四人、二〇二一年は四四、五四五人、二〇二二年は四一、五四一人と減り続け、二〇二三年は四〇、一七八人です。職員による不適切な行為等が再度明らかになった名古屋刑務所については、名古屋刑務所職員による暴行・不適正処遇事案に係る第三者委員会に最近のデータが提供されました。二〇二二年一二月現在、名古屋刑務所（本所）では、職員定員が四五四名、収容定員が二、四二七名、収容人員が一、二三四名です。

——実収容人員が収容定員の半分くらいですね。かつて過剰収容が取りざたされた頃とは収容状況が違うようです。

金澤——刑事施設の収容人員を定員（もっとも通常の居室以外の場所も含めて定員に数えられていることは注意を要する点につき、浜井浩一『刑事司法統計入門』日本評論社、五六頁参照）で割った数字を収容率と言います。この数値が一〇〇％を超えた状態のことを各種報告や白書では過剰収容と呼んでいます。過剰収容の状況は今では緩和されていますが、その原因分析は、決して簡単ではありません。社会の犯罪が減ったからだと考えられがちですが、犯罪発生状況と刑務所の人口を左右する要因とは必ずしも単純に結びついておらず、犯罪が起訴される割合、長期の刑が実刑として言い渡される割合はどのように変わったかをつぶさに見ていかなければわかりません。

国際人権から見た日本

――二〇二二年一一月三〇日、国際自由権委員会による日本政府への勧告（総括所見）が公表されました。多くの勧告が出ていますが、まず、勧告二〇は死刑制度について、死刑廃止に向けた世論を喚起すること、モラトリアムの確立を検討すること、再審請求に執行停止効を持たせることなどを勧告しました。

金澤――死刑をめぐる問題に関して、日本政府の対応は鈍いと言わざるを得ません。これに対して、市民や専門家による研究成果の共有や継続的な運動が重要視されています。私は講義の一環として、大阪弁護士会のＤＶＤを見て、絞首刑が残虐な刑罰に当たらないかを考えてもらう機会をもっていますが、死刑の存在に疑問をもっていない学生の中にも、具体的な執行の過程で、法に基づいて執行にあたる人がいることに思いをいたし、また、法規定との矛盾に直面して、現実の課題であることを認識する者も少なくありません。

――勧告二六は「刑事拘禁における処遇、特に長期の独居房の使用と被拘禁者に対する適切な医療サービスへのアクセスの欠如、並びに弁護士へのアクセスや家族との連絡といった手続保障の否定、投票権の否定にも引き続き懸念を表明するものである」としています。長期独居拘禁について、勧告二七(d)は独居拘禁の見直しを勧告しています。

金澤――死刑問題とも共通するのですが、自分の日常生活に直結しない問題に注意を振り向ける人は多くなく、政治課題にもなりにくいです。国際人権委員会からの勧告があっても、政策の前面にその是正が掲げられることは、社会問題として注目されない限り稀です。再審により無罪が確定した袴田巌さんは、死刑確定以降、長期の拘禁により生ずるとされる拘禁反応に見舞われ、今もその症状は続いています。このような厳しい実態を知らせることも報道の役目だと考えます。現行の刑事収容施設処遇法は、「被収容者の健康及び刑事施設内の衛生を保持するため、社会一般の保健衛生及び医療の水準に照らし適切な保健衛生上及び医療上の措置を講ずるものとする」と定めており、この規定を守ることを出発点としなければなりません。

受刑者処遇の問題点

――医療サービスは誰にも同様でなければならないと思いますが、刑事施設と一般市民とで異なる取り扱いをする理由があるのでしょうか。

金澤――たしかに刑事施設のとれる措置や提供できるサービスには限界があります。諸外国、例えば、フランスでは、刑事施設における医療の提供については、司法省（日本の法務省に対応）ではなく、保健省（同じく厚生労働省に対応）が管轄することで、保安や規律秩序の維持等によって制限されることなく一般社会と同一水準の医療を受けられる仕組みを導入しました。数年前行ったフランスでの調査で、現地の施設を参観したとき、医療に従事する医師、看護師等のスタッフにインタヴューし、医療情報等の保管や伝達も司法とは独立してなされていることを確認しました。日本では、省庁の壁があるとして、縦割り行政故に実現しないと言われて久しいですが、合理性を評価し、実施している国があることに目を向けるべきではないかと思っています。

――弁護士へのアクセスや、家族との連絡も大きく制約されています。

金澤――外部交通については、刑事収容施設処遇法の規定にもかかわらず、外部社会とのアクセスが十分ではありません。弁護士、家族との面会交流は、まだ法的権利として位置づけられているのです（それでも不十分と解されます）が、その他の裁量に基づくとされる場合でも、法が謳う円滑な社会復帰の実現のためには外部交通の質と量を増やす必要があります。刑事施設外でのコミュニケーションがこれほど多様になっているのに、刑事施設においては、相手方の登録をさせたうえで制限のある信書の発受を行っています。ギャップの大きさから考えると、むしろ以前よりも大きな制限と言えるのではないでしょうか。

刑事施設に拘禁されるという罰の内容が移動の自由を奪われることに尽きるという、いわゆる厳格な自由刑純化の考え方によれば、拘禁以外の自由制限は最小限の合理的なものでなければならないはずです。また、自由なコミュニケーションを妨げられることによる不利益や弊害をできるだけ回避するよう努力するのは、拘禁している国家の責務であるという理屈になるでしょう。

――刑事施設収容中は選挙における投票権も認められていません。

金澤――公職選挙法は、(現行) 禁錮以上の刑に処せられその執行を終わるまでの者、及びその執行を受けることがなくなるまでの者は選挙権、被選挙権を有しないと定めています。入所中はもとより仮釈放中の者まで選挙・被選挙の権利が否定されています。先に説明した拘禁以外の自由制限は最小限の合理的なものに限られなければならないという考え方からすれば、基本権を奪うことまで刑罰内容であるのかが問われなければならないでしょう。

国連勧告と日本政府

――勧告二七は国連被拘禁者処遇最低基準規則（マンデラ・ルール）に言及しています。どのようなルールでしょうか。

金澤――刑事施設の管理全般に及んで、被拘禁者の処遇に関する最低限のルールを定めた被拘禁者処遇最低基準規則は、一九五五年に国連で採択されています。条約ではなく基準規則とされており、法的拘束力はないものの、国連により承認された最低限の条件を示したものです。国連加盟国はこれを尊重し、立法、行政運用上の基準とすることが求められます。これまでも国際的基準として長く影響を及ぼしてきましたが、この間の国際法の発展、矯正に関する理論、科学の進展をとりいれ、改訂された同規則がネルソン・マンデラルールズ（いわゆるマンデラ・ルール）として二〇一五年、国連で採択されました。

――これまで国際自由権委員会、拷問禁止委員会、国連人権理事会・普遍的定期審査において、数多くの勧告がなされてきました。国際人権勧告に対する日本政府の姿勢をどうご覧になっていますか。

金澤――拘禁された者の処遇に関し、国際的な基準となっている右のマンデラ・ルールは、人間としての生まれながらの尊厳が尊重されるべきことを出発点としています。特に一五年の改訂では被拘禁者へのヘルスケアに関する規定が新設され、それが国家の責務であるとしています。しかし、刑事施設における医療体制がこれに応えるものでないことは先に述べたとおりです。また、独居拘禁を内容とする閉居罰も見直しの対象となります。日本政府は、締結した条約の措置や勧告についても必ずしも積極的に受け入れようとはしていません（例えば拷問等禁止条約の個人通報制度等）

が、刑事施設に収容されることによる（受刑者本人にとどまらない）様々な不利益に鑑みても刑事施設における最低限度の被収容者の取扱い基準を遵守しなければ、国際的に評価を受けることはできないでしょう。

三　刑事施設における人権

――刑事法専門家はしばしば「刑事施設における人権はその国の人権状況を表す」という言葉を使います。しかし、一般的には刑事施設で人権が制約されるのは当たり前と受け止められています。

金澤――自由刑という刑罰がどのような権利を人から奪うのか、その根本的な意味について確認することが大切です。犯罪者として刑を受ける者は、悪い行為の報いを受けてしかるべきだという素朴な感覚から、刑事施設における扱いが一般社会よりも劣ってよいという「劣等原則」という考え方がまかり通っているという指摘があります。また、刑事施設の管理運営上制約は仕方ないと説明されることもあります。しかし、どんな人からも奪われてはならない人権の保障は、制約を受ける受刑者には尚更認められなければなりませんし、施設の管理運営を優先させて人権保障をないがしろにしてはならないことは当然です。

刑事施設等へ見学に行き、同行者に感想を聞いてみると、「予想より快適そう。これなら入りたいと希望する犯罪者もいるのではないか」などと述べられることがあります。見学させてもらえる部分は限られていることも想定に入れなければなりませんが、それよりもまず、犯罪行為をしたことや更生の動機づけと刑事施設での待遇を簡単に結びつけるのではなく、刑罰として科される不利益は何かを考える必要があります。実際、現在は様々な人が刑事施設に入りますから、施設での待遇が一律に社会での再出発の動機になるとは考えられません。むしろ自由刑においては、法律が定める期間の移動の自由を奪うことに尽きる、それ以外の処遇は受刑者本人の自律性を尊重して個別に社会生活を取り戻す途を探ることが合理的であると考えられます。

——受刑者が風邪をひいたり虫歯になったからと言って、医療サービスを受けることは贅沢でしょうか。

金澤——もちろんそんなことはありません。先にお話ししたように、刑事施設に収容されて移動の自由を奪われているということが自由刑の本質と考えると、施設収容を理由に医療サービスを受けられないことはあってはならないことです。刑事収容施設及び被収容者等の処遇に関する法律も、刑事施設においては「社会一般の保健衛生及び医療の水準に照らし適切な保健衛生上及び医療上の措置を講ずるものとする」（第五六条）と定めています。

人間の尊厳を守るとは

――「普通」の市民でさえ人間の尊厳が十分保障されていないのに、受刑者に人間の尊厳を保障できるでしょうか。人間の尊厳は普遍的と言っても、やはり受刑者を別扱いするのはやむを得ないと考えがちです。

金澤――「普通」の市民でさえ人間の尊厳が十分保障されていないという状況があるならば、それ自体が改善されなければならないことは勿論です。しかし、それ以上に受刑者の尊厳の保障を重視しなければならないのは、人間の尊厳は、通常の生活ではあまり意識されず、危機に瀕してはじめて求められるものだからです。

自由を剥奪され、監視下において集団生活を送るべきことが法律で決められていても、人間としての取扱いを受ける権利を奪われてはなりません。その際依拠すべきであるのが人間の尊厳の概念です。刑事施設における取扱いに関しては、基本的人権を擁護し、社会正義を実現する弁護士法第一条の趣旨に則って行われている人権救済制度への申立ても行われており、通信・面会の制限や適切な医療が受けられないという申立てに対する救済事例も紹介されています。弁護士法第一条は「1．弁護士は、基本的人権を擁護し、社会正義を実現することを使命とする。2．弁護士は、前項の使命に基き、誠実にその職務を行い、社会秩序の維持及び法律制度の改善に努力しなければならない。」と定めています。

ヴァルネラビリティとは何か

――刑事司法手続きに置かれたことがある人々が抱える課題について、社会参加やヴァルネラビリティ（傷つきやすさ）という概念を手がかりに検討して、金澤さんは編著書『再犯防止から社会参加へ』を出版されました。

金澤――犯罪や刑罰、刑事司法をめぐる議論に徐々に変化が生じてきました。各方面で使われるようになった「生きづらさ」という言葉を法務省も使うようになり、多様な問題を抱える当事者の視点も考慮されるようになったと感じられます。自己の権利擁護や意思決定を自ら十分に果たせないことにより、福祉の支援を要する状態を福祉の領域ではヴァルネラビリティ（脆弱性）と呼び、支援の指標策定に用いていますが、刑事法の領域でも有用ではないかと注目しました。刑事施設に入る、あるいはその前段階で刑事司法手続きに関わる人の困難を、社会から排除されているという観点で分析した先行研究にヒントを得て、排除のメカニズムやその克服について考えようと集まった専門領域を異にする研究者との議論の中で出版したのが『再犯防止から社会参加へ――ヴァルネラビリティから捉える高齢者犯罪』です。

――社会参加できないために犯罪をせざるをえなかったのに、刑事施設に収容して社会性を奪っておいて、その後に社会復帰しろと言われても難しいということですね。

金澤――犯罪は、その行為者のみが悪い、従って刑務所で再犯がおこらないように厳しく処遇すればよいという考え方では説明しきれない状況が起こっています。この問題の背景に迫るためには、法律学だけでは十分ではありません。社会学、経済学、また対人的なケアの実践を踏まえた社会福祉学、看護学等の知見に学び、各領域の専門知識を活かし、社会的ヴァルネラビリティ故に社会参加の機会が阻まれている者の問題が犯罪へ発展する場合、参加の機会の実質的保障により如何に課題解決がはかれるか考えようと議論を重ねています。手続きが法定されている刑事司法には限界があることを意識して、複雑な問題であればあるほど、「餅は餅屋」の精神で専門家の話を聞きつつ、皆で考える姿勢が大切であるとの認識に立ち、実践につなげられるよう思考を重ねています。

――関連する国際準則の考え方はどのようなものでしょうか。

金澤――先に触れたマンデラ・ルールも、第六一条で「受刑者の取扱いは、社会からの排除ではなくて、引き続き社会に関わっていくことを強調するものでなければならない。それ故、社会諸機関は、受刑者の社会復帰の仕事について施設の職員を援助するために、可能な場合はいつでも、積極的に参加しなければならない。（中略）受刑者の司法上の利益に関する権利、社会保障上の権利及び他の社会的利益を保護するための措置をとらなければならない」（訳文は松井芳郎・薬師寺公夫・坂元茂樹・小畑郁・徳川信治編『国際人権条約・宣言集〔第三版〕』（東信堂）による）と定めています。国際準則においても社会への参加が重視され、その援助が社会諸機関に義務づけられているのです。

メンタルヘルスへの着目

――日本の受刑者のメンタルヘルスとは具体的にどういうことでしょうか。

金澤――刑務所における医療の問題については先ほど紹介しましたが、特に取組みを進めるべきであるとして注目されている課題の一つに受刑者のメンタルヘルスがあります。身体の不調に比べて判断が難しく、本人の認識が伴わなければ適切に対応し難いのがメンタルヘルスの特徴です。ＷＨＯは、刑務所の環境が受刑者のメンタルヘルスに悪影響を及ぼしうるとして、自殺予防のガイドラインの中でもリスクある因子と位置づけています（ＷＨＯ Preventing suicide: A global imperative, 2014)。

外国では既に自殺防止のためのアクションプランを定め、職員の研修やマニュアルの整備を進めるほか、施設外の専門家の助言を得ながら受刑者の支援につなげている例がありますが、日本では、二〇〇一年の名古屋刑務所事件を受けて立法した刑事収容施設及び被収容者等の処遇に関する法律に保健衛生・医療一般の規定を設けたものの、メンタルヘルスケアに特化した規定はありません。また、自殺防止の対策も自傷のおそれがある者への保安的観点からの対処にとどまっています。自殺した受刑者の遺族が刑事施設を訴えるケースもありますが、自殺の予見の難しさゆえに施設の過失が認められるのは稀です（これを一部認めた福岡地裁平成二一年一〇月六日判決判タ一三二三号一五四頁は、控訴審の福岡高裁平成二三年一一月二六日判決判タ一三五七号九八頁で取り消されました）。メンタルヘルスも人の尊厳に根ざす権利の一つで、適切なケアやアクセスの確保が用意されていてしかるべきものです。そこで、前掲『再犯防止から社会参加』の共同研究メンバーに精神看護分野からの示唆を受け（船山健二、Nurse Business 一七巻三号七四頁参照）、助けを求める人に如何に関わるかを学んでいます。

――刑事施設における自殺はどのくらい起きていますか。

金澤――年によって変わりますが、法務省矯正局の資料による刑事施設の事故発生状況によれば、一九八九年から増加の傾向にあります。最近では、二〇二〇年一二件、二〇二一年、二〇二二年ともに一三件です。

――日本社会では「失われた三〇年」の間、ずっと自殺が社会問題になってきました。社会一般における自殺問題と、刑事施設における自殺問題はどのように関連するでしょうか。

金澤――この点はまだ十分に考察を加えていないのですが、この三〇年の間に刑事施設に関する法改正があり、刑務所の過剰収容も落ち着いてきたことから考えれば、施設の過剰収容状態だけが自殺の要因と考えることは短絡的でしょう。むしろ人を自殺に追い込むような状況が刑事施設入所の原因たる犯罪行為にも影響を及ぼしていると考えるのが自然であり、そうした困窮状況について根本的解決がはかられない限り、拘禁下において自殺のリスクは高まっていくだろうと予想されます。

――精神保健看護学と法学の協働をどのように進めていく予定でしょうか。

金澤――一個別分野で解決できない問題に対しても、領域を横断して知恵を出し合い、例えば先にご紹介したヴァルネラビリティの概念を中核に据え、必要なケアは何か、それを制度的に如何に支えるかを構想することで、互いの専門性を活かす協働に活路が見出せると考えています。異なる分野間でも理論モデルの分析・検討等共通の議論の土俵を設定することは難しくありません。既に「フォレンジック看護」等の分野で人権擁護や被害後のケアを中心に共同研究の可能性が開かれています。また、対象者が抱えるトラウマや弱さを逆に強みとして活かす「ストレングスモデル」等の新たな考え方は、心身の健康と共に社会関係をとり戻すリカバリを構想する際に重要な視点として、刑事法学にも示唆を与えるものと考えています。

報道と刑事法学

――刑事施設に関連する報道をより良くするために、ジャーナリストに何が求められるでしょうか。逆に刑事法研究者には何が求められるでしょうか。

金澤――マスメディアのみならず個人も様々な媒体を通じて情報を発信できる時代ですが、思考を行動に移すきっかけは、判断のよりどころとなる正確な情報です。問題のある実務の先例踏襲を変えるには、多くの国民が関心をもち、それでいいのかという疑問をつきつける必要があります。そのためにジャーナリズムの世界でも、従来の「当たり前」という感覚を打破し、何が問われているかを自ら探求して真摯に訴えることが大切だと思います。もとより刑事法研究者も進取の気性をもち、最善の方策を考え続けることが肝要だと肝に銘じています。

〈お薦めの著書3冊〉

①金澤真理・安田恵美・髙橋康史編『再犯防止から社会参加へ――ヴァルネラビリティから捉える高齢者犯罪』(日本評論社、二〇二一年)

②大谷彬矩『刑務所の生活水準と行刑理論』(日本評論社、二〇二一年)

③澤登文治『受刑者の人権と人間の尊厳』(日本評論社、二〇一九年)

第四部　未来のための立憲主義

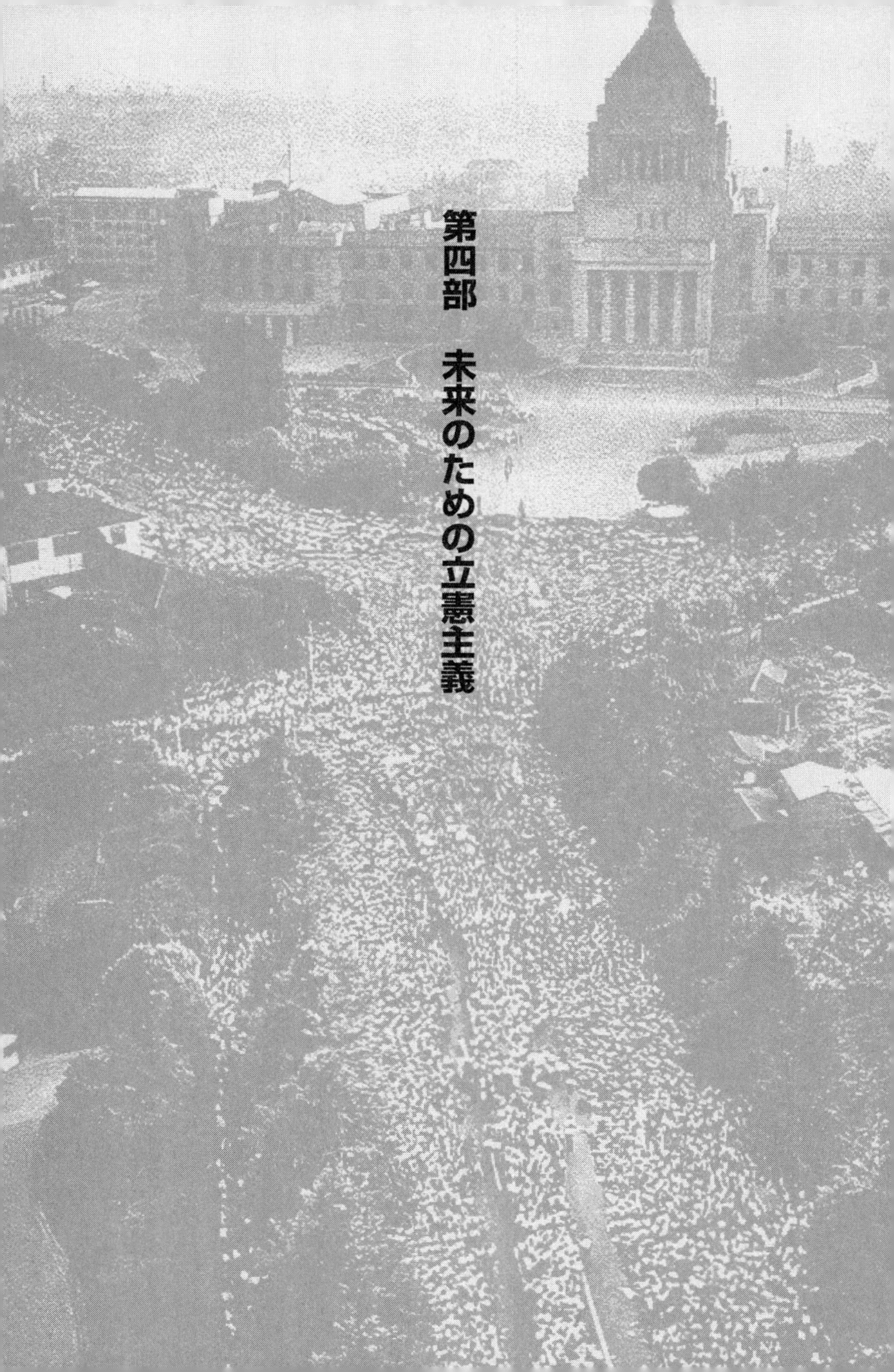

第一二章　改憲論の動向と立憲主義

大江京子

一　安保三文書改定問題

改憲問題対策法律家六団体

——大江さんは改憲問題対策法律家六団体連絡会事務局長ですが、法律家六団体について教えてください。

大江——二〇一三年一〇月に、初めて六団体（社会文化法律センター・青年法律家協会弁護士学者合同部会・日本国際法律家協会・日本反核法律家協会・自由法曹団・日本民主法律家協会）の代表が集まって、当時大問題となっていた秘密保護法案反対の共同行動をとることを決めました。その後、二〇一四年七月一日の集団的自衛権一部容認の閣議決定を経て、第二次安倍政権の改憲策動に法律専門家が共同で反対していくために改憲問題対策法律家六団体連絡会を正式に結成しました。以来、自公政権の明文改憲や解釈や運用で憲法を壊す実質改憲に反対してきました。国会対策（野党対策）と論説委員対策が活動の柱で、彼らと意見交換を重ねています。随時、声明を出し、院内集会を主催するほか、ブックレットの発行や意見書を作成しています。総がかり行動実行委員会、九条改憲No！全国市民アクションの構成団体として、市民や労組と協力して改憲反対の運動を続けています。現在は敵（基）地攻撃能力保有を認める閣議決定や、衆議院憲法審査会の改憲の動きに反対する行動に全力を挙げています。

安保三文書改定は憲法違反

――二〇二二年一二月一六日、岸田文雄内閣は「敵（基）地攻撃能力」の保有やそのための軍事費大幅増額などを柱とした「安保関連三文書」を閣議決定しました。①国家安全保障戦略（国家安保戦略）、②防衛計画の大綱（防衛大綱）、③中期防衛力整備計画（中期防）という三つの文書です。いずれも国家安全保障会議（ＮＳＣ）・閣議決定文書です。

大江――改定は、敵（基）地攻撃能力（反撃能力）の保有を容認し、軍事費が五年計四三兆円の大幅増が明示されるなど、憲法第九条に基づく専守防衛を改め日本の安全保障政策を大きく転換するものです。

政府は先制攻撃はしないと言っていますが、敵（基）地攻撃は、相手国の武力行使（その着手）があったことの認定は困難で、国際法違反の「先制攻撃」に繋がる現実的危険性があります。仮に日本が敵（基）地をミサイルで攻撃すれば、敵国もミサイルで日本を反撃し全面戦争に発展する蓋然性が高い。このような事態を招来する敵（基）地攻撃能力は、「国際紛争を解決する手段」として戦争を放棄した憲法第九条一項、「国の交戦権は、これを認めない。」とした憲法第九条二項後段に違反します。戦力不保持に関して政府はこれまで、「他国に侵略的攻撃的脅威を与えるような装備」については憲法上保持できないと説明してきました（一九八八年四月六日参議院予算委員会、瓦力防衛庁長官）。今回の閣議決定はまさに「他国に侵略的攻撃的脅威を与える」装備の導入を認めるもので、憲法第九条二項前段の戦力不保持に反します。

――国力としての防衛力を総合的に考える有識者会議（座長・佐々江賢一郎・日本国際問題研究所理事長）は、二〇二二年一一月二二日に『報告書』をまとめました。有識者会議などと言いますが、岸田首相の方針にお墨付きを与えるだけで、まじめに国家の大計を考える姿勢がありません。歴史的背景の考察も国際政治・外交の総合的分析もなく、結論ありきのアリバイ文書に過ぎません。岸田首相就任時に予告して一年でまとめられた文書です。僅か一年で拙速だったのですが、内容を見ると、一年かけてこんな低レベルのものしか作れないのかと驚愕しました。

大江――憲法については一顧だにしない。戦後の平和主義と民主主義の歴史と実績に触れようともしない。これほどいい加減な文書に基づいて、国の安全保障政策の一八〇度の大転換を決めてしまっていいのか。今回の安保関連三文書改定は、「専守防衛」を名実ともに完全に破棄する安全保障政策を大転換するものであり、敵（基）地攻撃能力の保有は憲法九条に違反します。本来ならば憲法第九条改正を発議して国民投票を経なければ変えられない事柄を閣議決定で変えようとしている。

これを許せば、日本は立憲民主主義国家とはいえなくなります。軍事費の大幅増額にしても国の財政の在り方も大きく変更し、国民生活に大きな影響を与えるものです。少なくとも国会での十分な審議が必要であることは明らかです。

安保三文書改定の正体

――基本文書の「国家安全保障戦略」の改定の中身について、説明してください。

大江――①大規模軍拡、②専守防衛から敵（基）地攻撃への転換、③対中国日米共同作戦計画に基づく南西諸島の軍事化が改定の目玉となります。①②は③に対応するためです。

日米同盟における米国と日本との関係は、これまで「矛と盾」との関係と説明されてきました。しかし、近年米国が、自国の負担を減らし日本のさらなるコミットメント（矛の役割）を求めていることは周知の事実です。安保三文書改定はアメリカの対中戦略に基づいて改定されたことは明らかです。中国を「深刻な懸念」「強い懸念」と位置づけ、日本が矛の役割を積極的に担い、攻撃兵器の保有・配備により中国を抑止し、抑止が破れた場合には、日米共同軍事計画に基づき、南西諸島や九州地方をはじめとする我が国の本土を軍事拠点とし、自衛隊が米軍の指揮のもとに米軍と一体となって中国と戦争をすることを想定しています。

核を含むあらゆる能力によって裏打ちされた米国による拡大抑止の提供を含む日米同盟の抑止力

と対処力を一層強化するとして、平時から日米同盟調整メカニズムを「発展」させ、日米のより高度かつ実践的な共同軍事訓練や基地の共同使用の増加に努めるとしています。

――冒頭に「我が国を含む先進民主主義国は、自由、民主主義、基本的人権の尊重、法の支配といった普遍的価値を擁護し、共存共栄の国際社会の形成を主導してきた。」と書かれていて、日本がいつから自由、民主主義、基本的人権という「普遍的価値」を擁護するようになったのか、いぶかしく思う人が多いはずです。

大江――呆れて物も言えません。六団体連絡会が二〇二二年一一月に発表した『戦争させないためのQ&A』の中で、新外交イニシアティブ代表の猿田佐世さんがこう言っています。

「現在、米国は、ウクライナ戦争や米中対立を『権威主義と民主主義の戦い』と位置付けて、『民主主義や人権、法の支配を守るために、戦いに勝ち抜かなければならない』と国際社会に訴えているが、実は、アメリカの扇動に簡単にのらない国が世界の中では多い。確かに、民主主義や人権を守ることはとても重要。中国のウイグルや香港における人権侵害については、私たちもしっかり指摘していかなければならない。しかし、民主主義や人権は圧力で押し付けても実現しません。その実現には、『民主主義や人権は素晴らしいものである』ということを自国内で実践し、その素晴らしさを中国やロシアの国民に理解してもらう、難しくともそれしか方法はないのです。軍事力で押し付けることが不可能なことは、過去の多くのアメリカの戦争が失敗に終わっていることから明らかです。」

本当に、その通りだと思います。

二　軍事優先国家の現状

沖縄を再び捨て石に

――大日本帝国でさえ軍縮をしたことがあるのに、平和憲法の下で軍拡一本槍を貫いてきて、それでもまだ足りないと叫んでいます。軍拡の話ばかりが先行し、市民生活の平和や安全は放置したままです。「国民保護のための体制の強化」と言いながら、「南西地域を含む住民の迅速な避難を実現すべく、円滑な避難に関する計画の速やかな策定、官民の輸送手段の確保、空港・港湾等の公共インフラの整備と利用調整、様々な種類の避難施設の確保、国際機関との連携等を行う」と書かれているので驚きました。「島外避難」を初めて唱えたものです。沖縄を戦場とすることを想定しているのです。

大江――二〇一五年、国民の反対の中で成立した安保法制の下では、台湾有事をめぐり米中に武力紛争が起きれば、政府は「わが国と密接な関係にある他国に対する武力攻撃が発生した」として存立危機事態を認定し、自衛隊が集団的自衛権に基づき米中の戦争に参戦することとなるでしょう。そうなれば真っ先に沖縄、南西諸島や九州が中国の反撃を受けて取返しのつかない甚大な被害を被ることとなります。戦争だという時に、島民避難なんてできっこないでしょう。自衛隊はやりません。日米の軍事一体化の下で、沖縄を捨て石にする結論だけが決まっている。

――本土を守るために沖縄を犠牲にするのは日本政治の悪弊であり、沖縄に対する植民地主義の現れです。

虚妄の抑止力

――メディアは増税問題に集中して、敵（基）地攻撃やＧＤＰ二％問題はやむをえないかのように伝えました。

大江――軍拡も敵（基）地攻撃もトマホークもあたかも既定事実であるかのごとく報道しました。もっと手前で議論するべきことが山ほどあるのに議論しない。ロシアによるウクライナ侵攻や、中国の軍拡を取り上げて、「我が国をめぐる環境が厳しい」などと言って、いきなり敵（基）地攻撃だ、軍拡だと論じるのはあまりに乱暴です。

朝鮮民主主義人民共和国（北朝鮮）のミサイル発射が続いていると大騒ぎして、「Ｊアラート」

など危機を煽るばかりです。北朝鮮のミサイル発射実験は日本を狙っているものではありません。なぜ北朝鮮が連日のようにミサイルを発射しているのか。朝鮮戦争はまだ終わってないのです。敵国アメリカからの脅威を常に感じています。バイデン大統領は「北朝鮮とは交渉しない」と言って、米日韓合同軍の共同演習に力を入れています。北朝鮮はこれに反発して、アメリカと交渉するためにミサイル発射などの挑発を繰り返しています。お互いに挑発を止めるべきです。軍事力による威嚇を続けても、平和は永遠に訪れません。軍事一辺倒の抑止力は、破綻しています。

日本は平和醸成のための外交交渉を提言するべきなのに、むしろ対立を煽ってきました。安倍政権は「北朝鮮との交渉には意味がない。制裁あるのみだ」と対立を深める発言を繰り返しました。岸田政権も同じ立場です。米軍の尻馬に乗って居丈高に北朝鮮を威嚇するだけです。外交交渉を通じてミサイル実験をやめさせる努力を放棄して、緊張を高めることしか考えていません。日本を取り巻く安全保障環境が厳しさを増しているという政府のお得意のセリフには、前提にミスリードがあり、重要な二つのことが抜けています。一つは、脅威は何によって引き起こされているのか。もう一つは、脅威をなくすために日本が何をすべきかです。日本がその脅威（危険性）をなくすために、いかなる外交努力を行うかという議論が欠落しています。対日攻撃はある日突然行われるものではありません。武力紛争の発生を防止するために、あらゆる平和的外交措置を講じることが必要です。脅威を煽るだけで、中国とも北朝鮮ともロシアとも話し合いすらしようとしない日本政府に、敵（基）地攻撃を語る資格はありません。

政府の責任とは

——岸田首相は「国民の責任」などと言います。後になって「我々の責任」と言ったなどと弁解して、姑息にも政府ウェブサイトの文章を書き替えました。

大江——呆れるくらい無責任です。「責任」という言葉の意味を分かっていない。何よりも経済の停滞、労働者賃金の停滞、人口減少、高齢化、食料自給率の異常な低さ、医療崩壊の危機、物価上昇によって食べていけなくなっている市民生活の実態を考えると、市民の安全保障が優先です。生命が逼塞して緊急事態なのに何もしようとしない。子ども、高齢者、障害者のような被害を受けやすい人を虐待する社会構造ができあがっている。課題は山ほどあるのに、どれも先送りです。平和主義憲法に基づく独自の安全保障政策を展開し、東アジアの平和構築に積極的に貢献するとともに、社会保障費、教育予算、物価対策、子育て関連費用等を充実させて、国民（市民）の命と生活を守ることこそが、政府の使命であり責任です。

アメリカの「核の傘」

——岸田政権は軍拡、改憲、増税に前のめりになっています。

大江――改憲問題対策法律家六団体は、二〇二二年一一月にパンフレット『九条実質改憲としての安保三文書改定――戦争させないためのQ&A』を作成・発行しました。これに基づき基本的なことを確認したいと思います。まず、憲法九条と日本の防衛政策の関係です。政府は一九五四年に自衛隊を創設する際に、自衛隊は憲法九条が禁止した「戦力」にあたらないと解釈しました。「自衛のための必要最小限度を超えるもの」が「戦力」で、「超えないもの」が「実力」という主張です。

そして政府は自衛権行使の三要件を提示しました。①我が国に対する急迫不正の侵害があること、②これを排除するために他の適当な手段がないこと、③必要最小限度の実力行使にとどまることと、行使できる自衛権を個別的自衛権に限定することでした。さらに自衛隊の海外派兵の禁止、専守防衛、武器輸出禁止三原則、非核三原則、集団的自衛権行使の否認、防衛費のGNP比一％枠という制約を設定して、自衛隊違憲論に対抗しました。しかし、一九九一年の湾岸戦争を契機としてこれらの制約が次々と変容させられました。自衛隊海外派兵禁止は一九九一年の掃海艇「派遣」、一九九二年のPKO法、二〇〇一年のテロ対策特措法、二〇〇三年のイラク特措法、二〇一五年の「安保法制」（戦争法）によって見る影もなく形骸化しました。非核三原則がありながら、核持ち込みの密約があり、実際にはアメリカの核が沖縄に持ち込まれていました。岸田首相は、核兵器廃絶を口にしながら、核兵器禁止条約に敵対的な姿勢を変えていません。

――アメリカの「核の傘」で守ってもらうという発想がそもそも理解できません。

大江――アメリカの「核の傘」を日本人は誤解していると思います。「核の傘」は日本防衛のためではなく、アメリカの国益を守るためにあります。アメリカの核による抑止が失敗して、極東で、相手国による核使用の危険が高まった場合、アメリカは米軍兵士を守るために、躊躇なく日本を見捨てて即時撤退するでしょう。核による威嚇は、核開発競争を招くだけでかえって危険を増大させることは、朝鮮民主主義人民共和国（北朝鮮）をみれば明らかです。アメリカの核が日本の安全を守ってくれるなどという幻想は捨てて、核兵器禁止条約を批准し、北東アジアを非核兵器地帯にする努力をするべきです。

――集団的自衛権については、二〇一四年の閣議決定によって武力行使の新三要件が打ち出されました。そして、今回の安保三文書改定で敵（基）地攻撃能力の保有です。

大江――二〇一四年七月の憲法解釈変更の閣議決定と二〇一五年九月に強行採決された戦争法制によって、「我が国と密接な関係にある他国に対する武力攻撃が発生」した場合にも武力の行使が可能となり、集団的自衛権の一部行使が容認されました。世界中どこでも米軍の戦争の後方支援もできるようになり、自衛隊の武力行使の地理的制約（我が国周辺の公海航空まで）が完全に取り払われました。これにより、自衛隊は海外で武力の行使をしないという憲法九条の大きな柱（憲法第九条一項の武力の不行使・戦争放棄）が崩れました。そして、昨年末の安保三文書の改定閣議決定によって、敵（基）地攻撃能力の保有が認められて、自衛隊は攻撃的兵器（他国の領域を直接攻撃する兵器）を持たないという憲法第九条のもう一つの柱（憲法第九条二項の戦力不保持）が完全に取り払われようとしています。

――国家安全保障戦略には、平和国家として、専守防衛に徹することに変わりはないと書かれていますが。

大江――専守防衛とは「他国からの武力攻撃を受けたとき初めて防衛力を行使し、その態様も自衛のための必要最小限度のものに限るなど憲法の精神にのっとった受動的な防衛戦略」をいいます。攻められたら必要最小限度の抵抗はするが、自分から他国を攻めることはないし、他国を侵略する攻撃的兵器は持たない、とこれまでの歴代政府は説明してきました。それによって近隣諸国に安心と信頼を供与して日本の安全を保障してきた。しかし、二〇一五年の戦争法の制定により、日本が武力攻撃を受けていなくても集団的自衛権の名の下に武力行使が可能となりました。今回、敵国領域を攻撃する兵器も保有するというのですから、専守防衛は完全に放棄されています。

台湾有事論の実態

――二〇二二年の国際情勢として、米中対立による「台湾有事」論と、ウクライナ戦争を契機とする軍事万能の安全保障論が浮上しました。アメリカが封じ込め政策に転換したことで、情勢が大きく変化しました。

大江――「関与政策」が失敗したとして、トランプ政権とバイデン政権は「封じ込め政策」に転換しました。中国を米国の覇権に挑戦する「唯一の競争相手」と位置付けて、米国単独ではこれに対抗できないため、日本を含む同盟国・友好国の軍事力を動員しようとしています。

――日本は、アメリカの覇権主義を賛美しながら、中国の覇権主義を非難しています。

大江――米中間には根深い不信感があり、米国は中国が近い将来武力統一に動くと考え、中国は米国が台湾独立をさせようとしていると心配しています。米国の新しい対中軍事戦略は、日本の南西諸島を含む第一列島線を対中武力紛争の最前線として、そこへミサイル戦力を配備して、中国を第一列島線の西側へ封じ込めようとしています。自衛隊はこれにつき従って、南西諸島にミサイル部隊を配備し、有事には陸自の部隊を北方から南西諸島へ機動展開させ日米共同軍事行動をとる態勢をとっています。自衛隊による敵（基）地攻撃は日米による対中共同作戦の一部となります。台湾有事が自然に日本有事となることはありません。台湾有事が日本有事となるのは、米国が台湾を軍事支援して中国との戦争になり、日本が日米安保条約と安保法制のもとで米国と共同して中国と戦うことを想定する防衛政策のためです。

――日本が台湾有事を作りたがっている。

大江――米軍戦略に呼応して、防衛費の急激な拡大をめざしているのですから、自衛隊が極東の軍事バランスを攪乱することになります。中国側に不信を募らせる政策展開です。台湾の人たちは中国と戦争をすることを望んでいません。すぐに独立することを望んでいるのは数%にすぎません。台湾の人たちは現状維持を選択しています。中国もアメリカも本音で戦争をしたいとは思っていません。日本だけが熱に浮かされたように台湾有事を喧伝しています。

――台湾有事を日本有事にしないために、できることはあるはずです。

大江――日本と米国とでは、中国との関係において地政学的にも国益の上でも違いがあります。未来永劫地理的に離れることはできない隣国との武力紛争では、日本は重大な被害を受けますが、米国本土は聖域になります。武力紛争がもたらす影響は、今後の長い日中間の歴史の中で大きな障害となります。我が国は日清戦争以来、中国を侵略してきた歴史があり、この歴史問題から両国の間の深刻な断絶につながるでしょう。日本の安全保障政策においても、米国の対中戦略につき従うのではなく、米国とは異なる独自の対中政策を実行すべきです。台湾防衛に日本は参加しないこと、その際の日米安保条約に基づく事前協議において、在日米軍基地の使用に対して拒否もありうることを米国に認識させることが必要でしょう。米国の対中戦略の変更を求めなければなりません。

三　リアリズムを忘れた軍国主義

――二〇二二年に本格化したウクライナ戦争が国際情勢認識を大きく変容させました。国際社会を「無法社会」と唱え、ミリタリズムの専制が実現し、「先制攻撃」論が跋扈し、日本では「敵（基）地攻撃」論となっています。

大江――ウクライナのゼレンスキー大統領やアメリカのバイデン大統領は、ウクライナ戦争を「権威主義と民主主義の戦い」であると訴え、「民主主義や人権、法の支配を守るために、戦いに勝ち抜かなければならない」と国際社会に訴えています。しかし、すべてが彼らの思うようにはなっていません。ロシアへの経済制裁に参加したのは東南アジア諸国ではシンガポールのみで、アフリカ諸国や中東諸国も参加していません。実に世界人口にして三分の二はウクライナ戦争について「米国陣営」に与していない。しかも民主主義や人権は圧力で押し付けても実現しません。軍事力で押し付けることが不可能なことは、過去の多くのアメリカの戦争が失敗に終わったことから明らかです。

軍国主義こそお花畑

――憲法第九条の現在的意義を再確認する必要があります。

大江――「軍事力や軍事同盟に依拠しないで、日本の安全をどう守るのか」と問われます。答えはある意味、極めて簡明です。日本が自国にとって脅威ではないと認識させることが大事です。戦力を持たない、交戦権を否定する憲法第九条は「戦争をしない」ことを最上位に置いています。「日本はあなたの国を攻撃することは決してしません」という意思表明にほかなりません。武力に対して武力で立ち向かうことは、一見すると勇ましく見えるかもしれません。しかし戦争になればどのような武力を持っていても、取り返しのつかないことになります。戦争を防ぐことが何よりも大事です。軍事力に頼るのではなく、話し合いと協調による平和的な解決を模索する姿勢が不可欠です。

「九条では国を守れない。ウクライナを見よ」と言いますが、逆です。ウクライナ戦争を見れば、軍事力強化で国を守るというのは非現実的な空論だとわかります。いたずらな挑発がかえって戦禍を招きます。軍国主義で平和を守るというのは、国際政治のリアリズムを見失ったお花畑の議論です。

憲法第九条は一切の戦争の放棄と戦力の不保持を規定しており、国際紛争を武力によって解決せず、平和的な話し合いによって解決するという非軍事平和主義を採用しています。それは各国に軍縮と戦争放棄を要請するものとして存在しています。「武力紛争予防のためのグローバル・パートナーシップ」（GPPAC）は二〇〇五年に、「紛争解決の手段としての戦争およびそのための戦力の保持を放棄したという九条の原則は、普遍的価値を有するものと認知されるべきであって、東北アジアの平和の基盤として活用されるべきである」というGPPAC東北アジア地域行動提言を採択しています。憲法は全世界の国民の平和的生存権を保障しています。軍事力や軍事同盟に依拠することによって、平和的生存権を保障することはできません。

――閣議決定で決めたものは閣議決定で覆すことができます。

大江――憲法第九条を無視し、専守防衛を投げ捨て、日本が攻撃されていないのに、「アメリカに対して武力の行使があった」として、日本はアメリカ防衛（台湾防衛）のために、中国と本当に戦争をするのでしょうか。沖縄、南西諸島をはじめ、ミサイルで狙われるのは日本の米軍（自衛隊）基地です。すさまじい民間人の犠牲が出る。戦争以前に、アメリカの兵器の爆買いによる莫大な軍事費の負担は国民生活を破綻に追い込みます。国土防衛・国民の命を守るためは嘘です。敵（基）

地攻撃能能力と大軍拡は誰のため何のためにに必要なのかと、私たちは真剣に問い続ける必要があります。そうしたなかで今、歴史の重大な転換点にあることに気づく人も少なくないはずです。

――二〇二四年夏に自民党総裁選が行われ、同年一〇月に石破茂政権が発足しました。自民党総裁選では立候補者の全員が改憲を唱えました。やがて、改憲に向けた具体的な動きが出てくると思います。石破首相は日米地位協定の見直しや、「アジア版NATO」なども言っています。

大江――石破首相は、自民党内野党のイメージで、穏健保守などと一部で言われていますが、危険極まりない軍事オタクであると思います。岸田政権の安全保障政策を称賛し、大軍拡政策を引き継ぐとし、憲法改正についても総理在任中に発議実現と表明しています。自民党憲法改正草案（二〇一二年）作成の中心人物であり、もともと九条二項削除が持論です。アジア版NATOを目指す、非核三原則の見直し＝米国との核共有を口にし、日米地位協定を改定し、グアムに自衛隊を駐留させ、アメリカの負担を軽減するために米軍基地の日米共同使用を提唱しています。

二四年八月七日、岸田首相（当時）は、自民党憲法改正実現本部に出席し、憲法への自衛隊の明記について「国民の命や身体や自由を守るという国家の最も重要な責務をしっかりと明記することは、緊急事態条項とともに大変重要な課題だ」、「憲政史上初の国民投票にかけるなら、ぜひ緊急事態条項とあわせて、自衛隊の明記も含めて国民に判断してもらうことが重要だ。」と発言し、自民党はこれに沿った論点整理を行いました。石破首相のもとで自民党は、いよいよ憲法九条自衛隊明記改憲と緊急政令を含む緊急事態条項改憲という大本命の改憲に本腰を入れて取り組むことを決定しています。与党が過半数割れと言えども、油断は禁物です。市民が中心となり、憲法の掲げる非戦・非暴力の積極的平和主義へのゆるぎない支持を可視化させなくてはなりません。武力による平和ではなく「攻められない国になる」「隣国との信頼関係を作る」こと、日本は世界の紛争の火種を除去するために、「専制と隷従、圧迫と偏狭を地上から永遠に除去する」ために、「全世界の国民が、ひとしく恐怖と欠乏から免かれる」（憲法前文）ために、積極的に、非暴力の形で、様々な非軍事の貢献をして信頼を得ることにより、この国の平和と安全を守っていく。憲法の積極的非暴力平和主義の実践こそが、我々にとってのベストの安全保障の選択肢です。

〈お薦めの著書3冊〉

①清水雅彦『憲法改正と戦争 52の論点』（高文研、二〇二三年）

②布施祐仁『日米同盟・最後のリスク』（創元社、二〇二二年）

③右崎正博・大江京子・永山茂樹『緊急事態と憲法』（学習の友社、二〇二〇年）

第一三章　日本国憲法の光と影

前田　朗

一　奇妙な日本国憲法

――「奇妙な日本国憲法」という言葉で何を言おうとしているのでしょうか。

前田――日本国憲法は矛盾の塊だということです。いきなり「奇妙な日本国憲法」「矛盾の塊」などと言うと、強い反発が出るでしょうから、順を追って説明する必要があります。日本国憲法は一九四六年一一月三日に公布され、一九四七年五月三日に施行されました。一九四七年八月二日、文部省検査済の『あたらしい憲法のはなし』が出版されました。二年ほど、学校教科書として採用されたと言います。子ども向けの解説書ですが、新憲法の基本原則を分かりやすく説明しています。

――もとは文部省が作成・普及したものですが、民間の出版社が印刷・普及しています。日本国憲法に関する著書としては一番のベストセラーです。

前田――憲法前文の考え方を①「民主主義」、②「国際平和主義」、③「主権在民主義」の三つにまとめて解説しています。そのうえで④「天皇陛下」について言及し、重要項目として⑤「戦争の放棄」や⑥「基本的人権」を掲げ、国会、政党、内閣、司法、財政、地方自治、憲法改正、最高法規に及んでいます。日本国憲法をコンパクトでわかりやすく解説していて、優れた内容ですから、ベストセラーになったのも頷けます。戦後の平和主義と民主主義の出発点と言って良いでしょう。憲法原則をどのように理解するかは論者によって若干の相違はあるでしょうが、立憲主義と最高法規性を前提として、平和主義、民主主義、主権在民（国民主権）、基本的人権、権力分立、地方自治を基本の柱とすることに異論はないでしょう。

――日本国憲法の基本原則は明快で、誰にでもわかりやすいのですね。

前田――初心者向けの解説レベルでは、そうとも言えます。しかし、子細に見ると、日本国憲法は実に複雑怪奇で、矛盾だらけの憲法なのです。

――どういうことでしょうか。

前田――「そもそも論」から見ていく必要があります。まず『あたらしい憲法のはなし』は次のように説明します。

「これまであった憲法は、明治二十二年にできたもので、これは明治天皇がおつくりになって、國民にあたえられたものです。しかし、こんどのあたらしい憲法は、日本國民がじぶんでつくったもので、日本國民ぜんたいの意見で、自由につくられたものであります。この國民ぜんたいの意見を知るために、昭和二十一年四月十日に総選挙が行われ、あたらしい國民の代表がえらばれて、その人々がこの憲法をつくったのです。それで、あたらしい憲法は、國民ぜんたいでつくったということになるのです。」

天皇主権から主権在民（国民主権）への移行を端的に説明しています。「國民ぜんたいでつくった」と強調しています。しかし、いくつもの疑問が生じます。

第一に当時の日本は占領軍に占領されていて、主権国家としては大幅に制約を受けていました。外国による軍事占領下で憲法改正を行うこと自体が異例のことです。第二に憲法草案を最初に作成したのがGHQ民政局であったことは良く知られている通りです。「日本國民がじぶんでつくったもの」とは言えないとして、「自主憲法制定論」の根拠とされました。憲法第九条の戦争放棄についても、誰が発案者かをめぐって、マッカーサー説、幣原喜重郎説があることも周知のとおりです。民間草案が重要な役割を果たしたとはいえ、主導権をGHQが持っていたことを否定できません。

女性の権利を含む憲法第二四条の起草がGHQメンバーのベアテ・シロタ・ゴードンによるものであることは良く知られています。「ベアテの贈り物」ともいわれます。アメリカ人女性が起草したものであっても、内容は大いに歓迎するべき前進でした。

——いずれも長年にわたって議論されてきたことで、今になって「奇妙な日本国憲法」「矛盾の塊」と言う必要はないのでは。

日本国民とは誰か

前田——『あたらしい憲法のはなし』は「日本國民ぜんたいの意見で、自由につくられた」と明言しています。それでは「日本國民（国民）」とは誰でしょうか。憲法前文は「日本国民は、正当に選挙された国会における代表者を通じて行動し、われらとわれらの子孫のために、諸国民との協和による成果と、わが国全土にわたつて自由のもたらす恵沢を確保し、政府の行為によつて再び戦争の惨禍が起ることのないやうにすることを決意し、ここに主権が国民に存することを宣言し、この憲法を確定する」と述べています。ところが誰が日本国民なのか示していません。憲法第一〇条は「日本国民たる要件は、法律でこれを定める」としています。つまり「日本国民はこの憲法を確定する」のに、日本国民が誰かはこれから決めると書いてあるのです。

——形式上はそうですが、当時、日本社会において誰が日本国民かは議論するまでもなく、はっきりしていたのではないですか。

前田——違います。第一に一九四五年一二月の衆議院議員選挙法改正で、沖縄県民と旧植民地出身者の選挙権を停止しました（古関彰一『平和憲法の深層』）。沖縄県民を排除して憲法第九条が制定され、それまで「大日本帝国臣民」とされていた在日朝鮮人を排除して「国民の基本的人権」が語られたのです。「國民ぜんたいでつくった」と言えるでしょうか。そうであれば、沖縄県民は「国民」に含まれないことになります。

第二に憲法第一条は「天皇は、日本国の象徴であり日本国民統合の象徴であつて、この地位は、主権の存する日本国民の総意に基く」としています。象徴天皇制の宣言ですが、「主権の存する日本国民の総意に基く」とあるのです。この規定は「日本国民の総意によれば憲法を改正して天皇制を廃止することができる」とも読めないわけではありませんが、実際には「日本国民たる者はすべて天皇主義者である」ということです。天皇主義者でない者は「非国民」になるしかありません。国民と非国民を分けるのが日本国憲法です。身分制と外国人排除の日本国憲法の下でジェンダーギャップが拡大し続けるのは自然なことです。憲法第二四条が十分に機能しないのはこのためでしょう。

二　平和憲法の実像

——それでも現憲法制定を受けて「平和国家」が語られ、実際に戦後平和主義と民主主義がこの国をリードしてきたことは否定できません。

前田――平和的生存権と平和主義の日本国憲法ですが、残念ながら同時に象徴天皇制と外国人排除の憲法なのです。過去の戦争を反省したことになっていますが、被害の反省であって加害の反省ではありません。植民地支配への反省は見られません。戦争推進の要の天皇制を残存させました。家父長制の基軸としての天皇制には性差別が内包されています。平和主義とレイシズムが矛盾したまま同居しているのが日本国憲法です。法の下の平等と女性差別が同居していますが、矛盾の解析がなされることはありません。根源にタブーが存在するからです。

植民地支配について言えば、日本軍性奴隷制（慰安婦）問題、徴用工問題、南京大虐殺問題、BC級戦犯問題、七三一部隊問題を始め、日本が植民地や占領地で行った戦争犯罪と人道に対する罪が未解決です。それどころか歴史修正主義が跋扈して、犯罪の歴史を改竄したり、消し去ろうとしているのが実状です。一九二三年のジェノサイドである関東大震災朝鮮人虐殺についても歴史の事実を否定する動きが顕著です。同時に指摘しなければならないのは、一〇〇年間、関東大震災朝鮮人虐殺の最高責任者が誰であったのか、一度も議論されてこなかったのです。時の最高権力者であった摂政裕仁の責任を論じた歴史学者は一人もいません。ロシアのプーチン大統領やイスラエルのネタニヤフ首相の責任は誰もが容易に口にしますが、摂政裕仁の名前だけは口が裂けても言えないのが「日本人による日本歴史学」です。

植民地支配の結果として日本に在住することになった在日朝鮮人に対する差別的処遇は今も続い

ています。朝鮮学校に対する差別、公安警察による監視と弾圧、そして社会において蔓延しているヘイト・スピーチと、数え上げるときりがありません。

「そもそも論」で言えば、一八六九年、アイヌモシリをアイヌ民族に断りもなしに「北海道」として取り上げて、日本領にしてしまいました。日本政府は長年、アイヌ民族を先住民族と認めませんでしたが、二〇〇八年にようやく認めました。ところがアイヌ民族の先住民族としての「権利」を認めません。一八七九年、琉球王国を廃して沖縄県に編入しました。それ以来の沖縄差別です。沖縄戦、昭和天皇の沖縄メッセージ、沖縄への米軍基地押し付けと、いまなお差別が国家政策の基本となっています。沖縄県民を一方的に排除して、日本国憲法を制定したのですから。

レイシズム憲法

――確かに在日朝鮮人や沖縄の人々に対する政策には疑問があります。

前田――あらゆる差別が容認され、政府によって組織化され、マイノリティを圧し潰してきました。二〇二三年の入管法改悪とＬＧＢＴ理解増進法により、難民・移住者差別と性的マイノリティ差別が改めて念入りに法制化されました。難民を受け入れず、移住者を人間扱いしません。ヘイト・クライムとヘイト・スピーチがどれだけ激化しても、マイノリティ権利保護の主張は猛烈に非難され、マジョリティの専制が固定化されます。リベラル派の憲法学者が「マジョリティの表現の自由」を絶対化します。マイノリティは差別されて当たり前とされているのです。反動的な憲法学ではなく、リベラル派憲法学が差別を主導してきたのです。性差別とレイシズムと家父長制の日本社会を担保するのが憲法政治であり、日本国憲法です。自覚なきレイシズム憲法学がこれを後押ししてきました。レイシズムと男性中心主義は近代国民国家の憲法に共通でしたが、この国ではさらに後ろ向きの憲法解釈が実践されます。何しろ「人として認められる権利」さえ認めないのが日本憲法学です。

――さすがにそんなことはないのでは。

前田――一九四八年の世界人権宣言第六条は「すべて人は、いかなる場所においても、法の前において、人として認められる権利を有する」と定めます。この短い一節が日本国憲法にはありません。憲法学もこの権利を認めません（本書第六章参照）。植民地支配を反省せず、いまだに旧植民地出身者を迫害し、マイノリティの権利を保障しないのは、この憲法だからです。

――だから外国人を二級市民扱いできるということですね。

前田――外国人だけではありません。先ほど指摘したように国民と非国民を作り出し、一級市民と二級市民を作り出すのが、日本国憲法とリベラル派憲法学なのです。もはや年中行事と化してしまったので誰も驚きませんが、日本のジェンダーギャップ指数が世界一四六カ国中一二五位となりました（世界経済フォーラム）。過去最低の数字で、ほぼ定位置（低位置）となりました。しかし、日本政府にも社会にもこの状況を変えようとする意思が見られません。副首相が「セクハラは犯罪でない」と公言し、職場における女性差別は温存・再生産され、インターネット上の差別が女性に深刻な被害を与えています。この国では性差別は所与の前提とされています。家父長制は根深く、小手先の措置を繰り返しても現実は容易に変わりません。

あらゆるところに分断線が引かれます。「国民と外国人」「マジョリティとマイノリティ」「男性と女性」「いわゆる健常者と障害者」――あたかも自然に分断が機能します。そのため、差別されないために素早く差別する側に回ろうとする社会が形成されてきたのです。

――それでも憲法前文の平和的生存権と憲法第九条の戦争放棄・戦力不保持には大きな歴史的意義があったのではないですか。

前田――もちろんです。レイシズム憲法を超える契機を日本国憲法は内在しています。問題は日本国憲法の光（積極面）をこの国の国民が十分に活用してこなかったことです。平和憲法が日米安保軍事同盟によってズタズタにされてきました。平和主義は足蹴にされ、今や集団的自衛権の行使、敵基地攻撃論、戦時国家への武器供与と、何でもありの軍事国家が現出しています。

民主主義法学は日本国憲法の平和主義と民主主義を発展させ、具体化するために努力を重ね、膨大な理論的成果を生んできました。しかし、現実は理論から遥か彼方に遠のいてしまいました。理論が現実を拘束できていません。現実把握すらできていない疑いがあります。それゆえ民主主義法学の課題は山のようにあります。現実の中に胎生する日本的特殊性を切開し、近代の歪みそのものに遡及し、人として認められる権利と人間の尊厳という出発点に立つために、私たちは出直す必要があるのです。

三　立憲主義の罠

――日本国憲法に限界があるのはわかりましたが、どこの憲法にもそれぞれの特徴がありますよね。西欧諸国は民主主義や基本的人権の保障のために憲法を制定して、それぞれの法文化をつくってきました。それに日本は近代民主主義のお手本に学んできたはずです。

前田――だからこそ数々の矛盾を抱え込んでいるのです。いくつかレベルを分けて説明しましょう。第一に近代立憲主義の憲法が持つ矛盾です。日本国憲法も同じ矛盾に引き裂かれています。第二に日本的特殊性です。天皇制が代表ですが、近代憲法に日本的な歪みを与えてきました。第三に日本国憲法の排外主義とレイシズムです。第四に民主主義や平和主義を唱えても現実には憲法違反が積み重ねられました。規範が掲げた理念からはるか遠い地点に来てしまいました。第五に未来に向けた構想力の問題です。せっかくの平和憲法にもかかわらず、未来に向けた平和の構想力を鍛えることができませんでした。

――第一の近代立憲主義の憲法が持つ矛盾というのは、よくわかりません。前近代・封建制国家の時代に比較して、近代立憲主義が大いに前進を果たし、現在も「普遍的価値」の基軸を成しているのではありませんか。

前田――まさにそこに立憲主義の罠が伏在しているのです。イギリス、フランス、ドイツといった国民国家を形成するために近代立憲主義のプロジェクトが始まりました。フランス革命やアメリカ独立が典型です。域内の平和と安全を守るため、人々の生命と自由と人権を保障するために、民主主義、権力分立、国民主権が配備されました。これ自体が矛盾の塊なのです。

ただ、近代民主主義や立憲主義は、資本主義の形成、植民地支配、奴隷制と密接に結びついていたのです。外では十字軍派遣、大航海時代、ルネサンスという世界史の始まり、内では各国の資本主義、国民国家、憲法体制の始まり。言い換えるとオスマントルコ帝国と神聖ローマ帝国の解体――これらは同じ歴史の諸側面です。帝国を解体して国民国家を形成します。国民国家の統治のために立憲主義や民主主義が要請されます。外に向かって侵略し、植民地支配を広げながら、内に向かって平和と安全と自由と人権を保障する訳ですから、国民国家イデオロギーとしてのナショナリズムは他民族排除を要請します。

――明治維新期の日本が西欧諸国に学んだ時に、国民国家の両面を継承したのですね。

前田――一九世紀は文字通り資本主義の確立、国際的には帝国主義の時代です。一八五三年の日米和親条約で「文明国家」の一員になった日本は、欧米諸国に学びながら「富国強兵」「殖産興業」政策を進めました。大日本帝国憲法はその綱領文書です。帝国主義の純粋培養ですから、剥き出しの侵略戦争と植民地支配に走りました。幸徳秋水がいち早く『帝国主義』(一九〇一年)で厳しく批判しました。ホブソンの『帝国主義論』(一九〇二年)やレーニンの『帝国主義論』(一九一七年)と同時代です。日本国家は大逆事件で幸徳秋水を抹殺(一九一一年)して、帝国主義戦争まっしぐらになりました。

資本主義、帝国主義、立憲主義の不安定な接合はいまでも世界各地で軋みを生じています。二〇二二年二月に本格化したウクライナ戦争、二〇二三年からのイスラエルによるガザ攻撃もその帰結です。私はアフガニスタンの女性解放闘争に学んできました。アフガニスタン女性革命協会(RAWA)との連帯活動を続けています。現代アフガニスタンの悲劇の淵源は一九世紀の「グレート・ゲーム」です。イギリス帝国主義のユーラシア支配の野望が国際政治を規定しました。極東における日英同盟も同じ時代の枠組みです。二〇世紀にその主体はイギリスからアメリカへと引き継がれました。

万世一系と神聖不可侵

――わかりますが、話が大きくなる一方です。元に戻して、大日本帝国憲法が帝国主義の綱領文書だというのは理解できますが、西欧諸国では少なくとも権力分立、基本的人権の保障をめざしました。

前田――西欧諸国も一枚岩ではなく、イギリス、フランス、ドイツそれぞれに異なります。これらに学んだ日本も日本的特殊性を帯びていました。大日本帝国憲法第三条「天皇ハ神聖ニシテ侵スヘカラス」は西欧的ですが、第一条「大日本帝国ハ万世一系ノ天皇之ヲ統治ス」の万世一系は日本神話に由来します。第二の日本的特殊性の基本です。

――神聖不可侵こそ日本的特殊性ではないのですか。

前田――それは誤解です。一九世紀にドイツ圏で分立した領邦国家、例えばプロイセン、ザクセン、バーデン・ヴュルテンベルクなどの憲法に君主の神聖不可侵性規定は珍しくありません。万世一系と神聖不可侵が結びついて、本当に「神様」と思い込んだのが日本的特殊性です。「憲法発布勅語」に「惟フニ我カ祖我カ宗ハ我カ臣民祖先ノ協力輔翼ニ倚リ我カ帝国ヲ肇造シ以テ無窮ニ垂レタリ此レ我カ神聖ナル祖宗ノ威徳ト並ニ臣民ノ忠実勇武ニシテ国ヲ愛シ公ニ殉ヒ以テ此ノ光輝アル国史ノ成跡ヲ貽シタルナリ朕我カ臣民ハ即チ祖宗ノ忠良ナル臣民ノ子孫ナルヲ回想シ其ノ朕カ意ヲ奉体シ朕カ事ヲ奨順シ相与ニ和衷協同シ益々我カ帝国ノ光栄ヲ中外ニ宣揚シ祖宗ノ遺業ヲ永久ニ鞏固ナラシムルノ希望ヲ同クシ此ノ負担ヲ分ツニ堪フルコトヲ疑ハサルナリ」とあるところに顕著です。

――皇国史観という特殊性が近代立憲主義と合体した訳ですね。

前田――矛盾を矛盾と感じることなく、両者が見事に融合しました。戦後改革でもそこが問われることなく温存されました。第三の日本国憲法の排外主義とレイシズムは、①大日本帝国憲法からの継承と、②新たに再編成された日本国憲法独自の排外主義の産物です。

日本国憲法の最大の特色がまったく理解されていません。憲法前文は「日本国民はここに主権が国民に存することを宣言し、この憲法を確定する」としています。憲法第一条は、天皇制と「野合」しつつ「主権の存する日本国民の総意」としています。国民主権（主権在民）という前進の証ですが、これは奇妙な話です。その奇妙さは、憲法改正規定に現れています。憲法第九六条によると、憲法改正には、①各議院の総議員の三分の二以上の賛成で、国会が発議し、②国民投票の過半数の賛成を必要とするとされています。法律とは異なる特別の手続きを必要とするので、硬性憲法と呼ばれます。

——安倍晋三政権以来、執拗に憲法改正が狙われ、三分の二の議員勢力を取って改憲策動が続いています。

前田——軍国主義による憲法改悪には反対しなくてはなりませんが、ここで言おうとしているのはその話ではありません。憲法の制定と改正の間にある落差です。現行憲法は一九四六年に帝国議会が決議したことによってでき上がりました。その憲法を改正するには、①国会の発議、②国民投票の二段階を必要とするのです。大日本帝国憲法第七三条に従って憲法改正を行ったので、やむを得ませんが、これ自体が一つの矛盾なのです。帝国議会の意思が現行憲法の硬性性の根拠になっているのです。

日本国憲法は民主主義、国民主権、権力分立、議会制民主主義、司法の独立、基本的人権という価値理念を引き受けた積極面を有します。しかし、同時に数々の夾雑物に汚染されているのです。身分制（天皇制）、男女差別、国民主権という外国人排除、「国民の権利」規定による外国人の人権の否定が刻み込まれています。これが容易に改正できない仕組みになっています。その思想を是として解釈されてきたため、法の下の平等と非差別を定めた憲法第一四条があるにもかかわらず、「差別されない権利」が否定されました。ごく最近、部落地名出版裁判で東京高裁が差別されない権利を初めて認めてニュースになりました。それまで差別されない権利は憲法上の権利として認められませんでした。憲法学が古色蒼然たる身分制イデオロギーに汚染されていたからです。

日本国憲法自体に排外主義とレイシズムが忍んでいます。古臭い差別思想に立脚しているので、憲法解釈の名において人権侵害が繰り返されています。

抜きがたい差別思想

――人権論は現代欧米人権論に学んできたのですから「古臭い差別思想」は言い過ぎではありませんか。

前田――憲法学多数説が、最悪の差別であるヘイト・スピーチを懸命に擁護してきたのはなぜでしょうか。第一に表現の自由（憲法第二一条）の優越性の主張です。人格権（憲法第一三条）や法の下の平等（憲法第一四条）を無視して、表現の自由を優越させる解釈です。解釈を口実にした憲法否定です。

第二に思想の自由市場論という陳腐な俗説です。自由市場に乗せれば、より優れた思想が生き残るという、社会科学的におよそ根拠のない妄想です。憲法にそんなことは書いてありません。思想の自由市場論の結果、マジョリティの日本人を保護し、マイノリティには自由も人権も認めないトンデモ学説が横行するのです。差別されない権利を認めず、露骨な差別と排外主義が「自然」になってしまいました。

第三に個人主義を誤解しています。「日本国憲法は個人主義に立脚しているから、集団の法益を保護しない。個人に対する名誉毀損は処罰できるが、集団に対するヘイト・スピーチは処罰できない」という主張がなされます。しかし、「個人主義に立脚するから集団の法益を保護しない」などという異常な論理は、憲法のどこからも出てきません。個人主義を生み出したのはイギリスであり、西欧近代です。イギリス、フランス、ドイツ、オランダ、ベルギー、ルクセンブルク、スペイン、ポルトガル、オーストリア、スイス、イタリア、どこでもヘイト・スピーチを処罰します。個人主義であることと、ヘイト・スピーチを処罰することの間に矛盾は存在しません。日本の憲法学者は個人主義すらまったく理解できないのです。無意識のレイシズムと差別翼賛思想の持ち主だからです。

――夫婦、家庭、企業、政党など団体を保護する必要がありますから、個人主義でも集団を保護する場合はあるはずですね。

四　問われる未来への構想力

前田――第四に現実の憲法政治では憲法違反が積み重ねられました。憲法第九条は戦争放棄・軍隊不保持を定めているのに、自衛隊が創設され、軍拡の一途をたどり、世界有数の軍事力を誇っています。在日米軍と合せて「世界最強の軍隊」（斎藤貴男）が日本列島に駐留しています。憲法の理念からはるか遠い地点に来てしまったのが現実です。差別思想は国内だけではありません。軍国主義のためアジア各国に対する蔑視はこの国に根深く定着し、脱亜入米、アメリカ拝跪がいっそう進行しています。

――ナショナリズムと言いますが、日本国民が守られているとも思えません。

前田――他民族を貶め差別する国は、自民族も貶めることになります。自民族中心主義、日本民族優越論は差別の階層化を招きます。内外にヒエラルキーをあてはめ、必死になって差別する側にまわろうとするからです。

――なんだか気が滅入る話ばかりですね。

前田――最後になりますが、第五の未来に向けた構想力の問題に触れておきましょう。日本国憲法はとても開かれた憲法なのです。まず領土規定がありません。多くの憲法には「わが国の領土はこ こである」と明記してありますが、日本国憲法にはありません。日本国憲法は、憲法の適用範囲を示しません。沖縄はいつから適用地域になったのでしょう。実は大日本帝国憲法にも領土規定がありませんでした。どんどん侵略して、領土を拡張する帝国主義に合致した憲法でした。日本国憲法は平和主義と言いながら、領土を定めません。日本が、いつ、「ここは日本だ」と言い出すか、予測可能性がないのです。

――さすがにそこまで心配することはないと思いますが。

前田――現に日本は北方領土、竹島、尖閣諸島など領土問題を抱えています。領土問題を解決しないように努力してきたとさえ見えます。憲法教科書を見れば、領土問題がほとんど等閑視されていることが分かります。この憲法がどこに、どのように適用されるのかという基本的なことから考え直す必要があります。沖縄に憲法が適用されてきたかを検証することが出発点です。

――「未来に向けた構想力」というのはどのような意味でしょうか。

前田――憲法前文で「われらは、全世界の国民が、ひとしく恐怖と欠乏から免かれ、平和のうちに生存する権利を有することを確認する」と宣言しています。日本国民ではなく「全世界の国民の平和的生存権」を掲げたのです。一国の憲法の分際で出過ぎた真似をしているのですが、ここが大事です。憲法第一一条は「この憲法が国民に保障する基本的人権は、侵すことのできない永久の権利として、現在及び将来の国民に与へられる」とし、第九七条は「この憲法が日本国民に保障する基本的人権は、人類の多年にわたる自由獲得の努力の成果であつて、これらの権利は、過去幾多の試錬に堪へ、現在及び将来の国民に対し、侵すことのできない永久の権利として信託されたものである」としています。現在の国民だけでなく、将来の国民に向けてのメッセージです。外に向かって開かれた日本国憲法の空間感覚と時間感覚を大切にして、未来に向けた構想を練ることが二一世紀の日本国民の使命です。

――将来の国民の権利というのは、不思議に魅力的な話です。

前田――私たちは将来の世代、つまりまだ生まれていない人々の権利保障を想定して現在の憲法体制を考える必要があります。環境問題が典型例ですが、私たちの利益だけを考えてむやみに開発を進めることによって将来の世代の生きる権利を奪うことは許されません（本書第六章）。国連が二〇一五年に決議したＳＤＧｓにはこのことが詳細に明記されています。日本国憲法の光の部分を十分に活かすために、未来に向けた立憲主義の在り方をつねに問い返す必要があるのです。

第13章　日本国憲法の光と影　前田朗

〈お薦めの著書3冊〉

①権赫泰（鄭栄桓訳）『平和なき「平和主義」』（法政大学出版局、二〇一六年）

②前田朗『憲法9条再入門』（三一書房、二〇二〇年）

③的場昭弘・前田朗『希望と絶望の世界史』（三一書房、二〇二四年）

おわりに

本書は、月刊誌『マスコミ市民』六四五号～六七〇号（二〇二一～二〇二四年）に連載した「ジャーナリズムのための憲法再入門」に加筆修正して編集しました。ただし、第六章は新規書下ろしです。連載企画のアイデアは、二〇二一年にアフガニスタンから米軍が撤退し、まもなく旧政権が崩壊して、同年八月一五日、ターリバーン政権が復権した情勢を受け止めたことです。

アフガニスタンの女性団体と長年にわたって連帯活動をしてきた編者（前田）は、アフガニスタン政権の崩壊を見ながら、新たにイスラムのシャリーア法が適用され、憲法規範が事実上放擲された様子に深い感慨を抱きました。かつて大日本帝国が崩壊して、日本国憲法が制定された経過を対比して理解したからです。同時に、以前、アフガニスタンを訪問した時に、「ここには憲法がない」と気づいたことを思い起こしました。憲法がない国で、立憲主義とは何かを考え直す課題に直面しました。

この問いが、「果たして日本には本当に憲法があると言えるのだろうか」という疑問に繋がったことは言うまでもありません。憲法のない国で日本を考えることで何が見えてくるでしょうか。

この問いを出発点に、日頃から敬愛する法学者や弁護士にインタヴューを重ねることで、日本国憲法の光と影が改めて鮮明に見えてきました。西欧近代に始まった立憲主義の流れを継承しながら、日本的特殊性を帯びた憲法と、その解釈実践の実像が見えてきました。

立憲主義の理念と現実のギャップを測定しながら、平和憲法の民主的原理を活かすための理論と実践を鍛えることが私たちの課題です。そのために最適の法学者と弁護士にインタヴューすることができました。

副題を「私たちの立憲主義再入門」としたように、本書は「日本国憲法の再入門」であると同時に「立憲主義の再入門」です。もう一度、日本国憲法を活かすために、ともに考えてみませんか。

編者

二〇二五年二月

〈執筆者プロフィル〉

飯島滋明：（いいじま しげあき）名古屋学院大学教授。専攻は憲法学・平和学。戦争をさせない1000人委員会事務局次長。安保法制違憲訴訟常任幹事。著書に『国会審議から防衛論を読み解く』（前田哲男氏と共著）、『9条で政治を変える 平和基本法』（共著）、『日本軍事入門Q＆A』、『自衛隊の変貌と平和憲法』等。

内山新吾：（うちやま しんご）弁護士（山口第一法律事務所）。一九五九年下関市生まれ。中央大学法学部卒。二〇〇八年度山口県弁護士会会長。二〇一五年度日本弁護士連合会副会長。安保法制違憲訴訟全国ネットワーク前代表。著書に『市民と野党の共闘——未完の課題と希望』（共著、あけび書房）等。

大江京子：（おおえ きょうこ）弁護士。日弁連憲法対策本部委員、改憲問題対策法律家六団体連絡会事務局長。中国人戦争被害賠償請求事件弁護団副幹事長、日本中国友好協会墨田支部長、日本民主法律家協会常任理事・憲法対策本部事務局長。共著に『緊急事態と憲法』（学習の友社）、『平頂山事件とは何だったのか』『JUSTICE——中国人戦後補償裁判の記録』（高文研）等。

岡野八代：（おかの やよ）同志社大学教授。専攻は政治思想、フェミニズム思想。著書に『法の政治学』（青土社)、『シティズンシップの政治学・増補版』(白澤社)、『フェミニズムの政治学』(みすず書房)、『戦争に抗する――ケアの倫理と平和の構想』、『ケアの倫理』(以上岩波書店)、『憲法のポリティカ』(高橋哲哉と共著、白澤社)等。訳書にジョアン・トロント『ケアするのは誰か?』(白澤社)、ケア・コレクティヴ『ケア宣言――相互依存の政治へ』(大月書店)等。

金澤真理:(かなざわ まり)大阪公立大学教授。刑事法学専攻。著書に『中止未遂の本質』(成文堂)、『再犯防止から社会参加へ――ヴァルネラビリティから捉える高齢者犯罪』(編著、日本評論社)、『〈市民〉と刑事法』(共著、日本評論社)、『新コンメンタール刑法第2版』(共著、日本評論社)等。

清末愛砂:(きよすえ あいさ)室蘭工業大学大学院教授。憲法学・ジェンダー法学専攻。RAWA(アフガニスタン女性革命協会)と連帯する会共同代表。著書に『《世界》がここを忘れても――アフガン女性・ファルザーナの物語』『ペンとミシンとヴァイオリン』(寿郎社)、『平和に生きる権利は国境を超える――パレスチナとアフガニスタンにかかわって』(あけび書房)、『右派はなぜ家族に介入したがるのか』(大月書店)、『平和とジェンダー正義を求めて』(耕文社)等。

上瀧浩子:(こうたき ひろこ)弁護士。京都朝鮮学校襲撃事件をはじめヘイト・スピーチ事件を多数担当してきた。著書に『#黙らない女たち』(共著、かもがわ出版)、『日本女性差別事件資料集成17』(共編、すいれん舎)、『テクノロジーと差別――ネットヘイトから「AIによる差別」まで』

（共著、解放出版社）等。

清水雅彦：（しみず　まさひこ）日本体育大学教授（専攻・憲法学）。戦争をさせない1000人委員会事務局長代行、9条の会世話人。著書に『治安政策としての「安全・安心まちづくり」』（社会評論社）、『憲法を変えて「戦争のボタン」を押しますか？』、『憲法改正と戦争52の論点』（以上高文研）、『憲法入門』（大月書店）、共著に『秘密保護法から「戦争する国」へ』（旬報社）、『マイナンバー制度』（自治体研究社）、『令和から共和へ――天皇制不要論』（同時代社）等。

髙良沙哉：（たから　さちか）沖縄大学教授。専攻は憲法学。著書に『「慰安婦」問題と戦時性暴力――軍隊による性暴力の責任を問う』（法律文化社）、『ピンポイントでわかる自衛隊明文改憲の論点』（共著、現代人文社）、『ヘイト・クライムと植民地主義』（共著、三一書房）、『琉球の自己決定権の行使を――再び沖縄を戦場にしないために』（共著、琉球館）等。

寺中　誠：（てらなか　まこと）東京経済大学教員。専攻は国際人権法、刑事法。著書に『裁判員と死刑制度』（共著、新泉社）、『死刑の論点』（日本評論社）、『Q＆Aヘイトスピーチ解消法』（共著、現代人文社）、『国際人権から考える「日の丸・君が代」の強制』（共著、同時代社）、監訳書に『ヘイトクライムと修復的司法』（明石書店）等。

豊崎七絵：（とよさき ななえ）九州大学教授。専攻は刑事訴訟法学。著書に『刑事訴訟における事実観』（日本評論社）、共編著に『刑事司法と社会的援助の交錯』（現代人文社）、『裁判員時代の刑事証拠法』（日本評論社）、『接見交通権の理論と実務』（現代人文社）、『社会変革と社会科学――時代と対峙する思想と実践』（昭和堂）、『民主主義の深化と真価』（文理閣）等。

前田　朗：（まえだ あきら）朝鮮大学校法律学科非常勤講師、東京造形大学名誉教授。日本民主法律家協会理事、ＲＡＷＡ（アフガニスタン女性革命協会）と連帯する会共同代表。著書に『平和のための裁判』（水曜社）、『戦争犯罪論』『９条を生きる』（青木書店）、『非国民がやってきた！』『パロディのパロディ――井上ひさし再入門』（耕文社）、『旅する平和学』（彩流社）、『憲法９条再入門』『ヘイト・スピーチ法研究序説』『ヘイト・スピーチ法研究要綱』『希望と絶望の世界史』（三一書房）等。

憲法を取り戻す 私たちの立憲主義再入門

2025年4月18日　　　第1版 第1刷発行
著　者―― 前田 朗 編 © 2025年
発行者―― 小番 伊佐夫
装丁組版― Salt Peanuts
印刷製本― 株式会社ディグ
発行所―― 株式会社 三一書房
〒101-0051
東京都千代田区神田神保町3－1－6
☎ 03-6268-9714
振替 00190-3-708251
Mail: info@31shobo.com
URL: https://31shobo.com/

ISBN978-4-380-25001-9　C0036　　　Printed in Japan

憲法9条再入門——その理念と思想を生かすために　前田朗　四六判　二六八頁　978-4-380-20004-5

9条を初めて読んだのはいつのことでしょう。あなたはどんな感想を持ったでしょう？「9条を守れ」は「9条に書いてある通りにしろ」という意味。戦争を放棄し、陸海空軍を保持せず、交戦権を持たない平和国家・日本を創り出すことだったはず。9条の理念と思想を現実世界の中で活用するために、もっと工夫することが私たちの主要課題です。リフレッシュ9条——ここからもう一度歩み出してみませんか？

希望と絶望の世界史——転換期の思想を問う　的場昭弘　前田朗　共著　四六判　二八八頁　978-4-380-24003-4

マルクス研究の第一人者、的場昭弘に前田朗が訊く。パンデミック以降世界は大激動の只中。絶望的現代世界を「西欧vs.非西欧」の視点で俯瞰し希望の世界を展望する。「西欧化」を近代化と考えてきたわれわれが、「西欧vs.非西欧」という枠組みで世界の変化を捉えるのは勇気がいる。しかし西欧から搾取の限りを受けた非西欧諸国の怒りは爆発寸前かもしれない。西欧もまた何をするかわからない。一触即発の世界の姿だ。

ジャーナリストたち——闘う言論の再生を目指して　前田朗　編　四六判　一九二頁　978-4-380-22006-7

権力に忖度・翼賛し、時の政権の広報機関と化したマスメディアが常態化する中、闘うジャーナリズムの再生を目指して活躍する9人のジャーナリストの煌めきを伝えるインタヴュー／新垣毅／池田恵理子／朴日粉／竹信三恵子／安田浩一／文聖姫／永田浩三／乗松聡子／石橋学

新にっぽん診断——腐敗する表層、壊死する深層　斎藤貴男　前田朗　共著　四六判　二二四頁　978-4-380-20008-3

極限的な政治腐敗、長期化する経済停滞、深刻化する人間蔑視。コロナ禍でさえ利権利用する「脱出口の見えない日本政治」。果てしなき監視社会化の帰結であると同時に、この国が自国民に対して棄民政策を押し付け、周辺諸国民にふたたび悪夢の日々をよみがえらせる危惧が迫る。現代日本は表層が腐敗しているばかりか、深層においても静かな壊死が進行し、構造的に自壊する危険があることに警鐘を鳴らす。

「慰安婦」問題の現在——「朴裕河現象」と知識人　前田朗編　四六判　二四八頁　978-4-380-16001-1

被害当事者を置き去りにした「朴裕河（パク・ユハ）現象」から、七〇年談話、日韓「合意」へと連なる動きの根本を抉る！

鈴木裕子／前田朗／金優綺／許仁碩／キャロライン・ノーマ／早尾貴紀／李在承／金富子／能川元一／李娜榮／今田真人／徐京植

黙秘権と取調拒否権——刑事訴訟における主体性　前田朗　四六判　三一七頁　978-4-380-16008-0

取調室で自白の強要や侮辱に耐えながら、ひたすら沈黙していることを「黙秘権」と呼ぶのはブラックジョークだ！　黙秘権を実際に行使するための具体的方法として取調拒否権、出房拒否権を提案する。黙秘するということは取調べを中断することでなければならない。

ヘイト・スピーチ法研究要綱――反差別の刑法学　前田朗　Ａ５判　五四二頁　978-4-380-21005-1

差別排外主義が跋扈する社会から民主主義を実現する社会を目指すために「戦後日本の民主主義」を根幹から問う必要がある。社会構成員の一部を排除するレイシズムと民主主義は両立しない。レイシズムの具体的な現象形態であるヘイト・スピーチ、ヘイト・クライム、人道に対する罪・迫害、ジェノサイドは民主主義を破壊する。民主主義を実現するために、レイシズムとの闘いが求められる。ヘイト・スピーチの刑事規制、民事規制、行政規制、反差別教育、対抗言論のすべてを総動員して民主主義を守り、人間の尊厳を守らなくてはならない。

ヘイト・スピーチ法研究原論――ヘイト・スピーチを受けない権利　前田朗　Ａ５判　四六四頁　978-4-380-18012-5

日本におけるヘイト・クライム／スピーチの実態が国際社会にも知られ、改善の必要性が強く指摘されるようになってきた。ヘイト被害を直視し、民主主義、人間の尊厳、法の下の平等を確保し、マイノリティの自由と人権を守るためにヘイト・スピーチを処罰する必要がある。ヘイト・スピーチ法に関する重要情報を詳細に提示する。

ヘイト・スピーチ法研究序説――差別煽動犯罪の刑法学　前田朗　Ａ５判　七九一頁　978-4-380-15000-5

ヘイト・クライム／ヘイト・スピーチ法研究の第一歩として、本格的検討の前提となる基礎知識を提供する。これまでは概念定義も不正確であり、時に恣意的な定義のもとに議論がなされてきた。憲法論の中の狭い枠組みでの議論も目立つ。比較法研究も始まったばかり。本質論抜きの法技術的解釈も目立つなか、ヘイト・クライム／ヘイト・スピーチ法の議論に不可欠な最低限の基礎知識を紹介する。

ヘイト・クライムと植民地主義――反差別と自己決定権のために　木村朗　前田朗　共編　四六判　三〇三頁 978-4-380-18003-3

植民地主義を克服するために、一八名の執筆者が歴史と現在を往還。差別と暴力支配の重層構造から私たちはいかに脱却するか？

前田朗／中野敏男／香山リカ／安田浩一／野平晋作／乗松聡子／金東鶴／辛淑玉／朴金優綺／結城幸司／清水裕二／石原真衣／島袋純／髙良沙哉／新垣毅／宮城隆尋／松島泰勝／木村朗

ヘイト・スピーチと地方自治体――共犯にならないために　前田朗　四六判　二三二頁　978-4-380-13009-0

川崎市が先陣を切った公共施設利用に関するガイドラインの策定も各地で相次いでいる。

ヘイト・スピーチが深刻な人権侵害を引き起こしている現在、自治体における取り組みをどのように考えるべきか、憲法、地方自治法、及びヘイト・スピーチ解消法に従って、どのような施策を講じていくべきか、本書はこうした諸問題について解説した入門書である